Jenny Menzel

D1985480

111 Orte für Kinder in Dresden, die man gesehen haben muss

111

emons:

Bibliographische Informationen der Deutschen Nationalbibliothek
Die Deutsche Nationalbibliothek verzeichnet diese Publikation in der Deutschen Nationalbibliografie; detaillierte bibliografische Daten sind im Internet über http://dnb.d-nb.e abrufbar.

MIX
Papier aus verantwortungsvollen Quellen
FSC® C083411
FSC
www.fsc.org

Layout: Editorial Design & Artdirection, Conny Laue, Bochum,
nach einem Konzept von Lübbeke | Naumann | Thoben und Nina Schäfer
Kartografie: altancicek.design, www.altancicek.de
Kartenbasisinformationen aus Openstreetmap,

Druck und Bindung: CPI – Clausen & Bosse, Leck
Printed in Germany 2020
ISBN 978-3-7408-0837-2
Originalausgabe

VORWORT

Bei »Dresden« denken die meisten sofort an barocke Fassaden, den Canaletto-Blick oder den wundervoll restaurierten Neumarkt. Kinder können damit leider nicht unbedingt etwas anfangen. Das sollte Familien aber nicht davon abhalten, meiner Heimatstadt einen Besuch abzustatten.

Ich bin in Dresden geboren und aufgewachsen, habe hier studiert und geheiratet, lebe und arbeite hier. Da ich überdies auch drei Kinder hier aufziehe, kann man mich durchaus als Expertin für die kinderfreundliche Seite von Dresden bezeichnen. In dieser Funktion machte ich mich vor über einem Jahr auf die Suche, mindestens eines meiner Kinder immer dabei: Welche unserer Lieblingsorte in Dresden müssen Familien gesehen haben? Die Liste der Favoriten wuchs schnell.

Die Stadt an der Elbe hat für große und kleine Kinder eine Menge zu bieten – kein Wunder, dass sie eine der geburtenreichsten Städte Deutschlands ist. Manche unserer Tipps sind touristische Must-sees, aber eben aus einem anderen Blickwinkel. Mit Kindern kann man durchaus in die Alten Meister gehen oder die Frauenkirche besichtigen – man muss nur wissen, was sie dort besonders spannend finden.

Die meisten Orte auf unserer Liste sind weniger offensichtliche Highlights. Einige machen nur im Sommer Sinn, andere sind geeignet für kurze Abstecher, lange Waldspaziergänge oder Regentage. Sie verstecken sich in Hinterhöfen oder liegen abseits des Stadtzentrums. Ein paar ganz persönliche Lieblingsorte verraten wir ebenfalls.

Nach langem Überlegen, Streichen und Ergänzen sind 111 sehr verschiedene Orte zusammengekommen, die vor allem eines zeigen: Dresden ist eine enorm vielfältige, bunte und kreative Stadt, die ihren Gästen eine lange Geschichte, reichlich Lokalkolorit und viel Natur bietet – auch und gerade den jüngeren. Kommt vorbei, schaut euch um und bringt genug Zeit mit, es gibt richtig viel zu sehen!

111 ORTE

1_DER ABENTEUER-SPIELPLATZ »PANAMA«

Oh, wie schön ...

Der Abenteuerspielplatz »Panama« ist seit 1992 eine grüne Oase in der Äußeren Neustadt. Im Hinterhofgeviert zwischen Görlitzer, Louisen- und Kamenzer Straße leben im »Panama« eine Handvoll Pferde, ein paar Ziegen, Hühner, Hasen und Meerschweinchen teilweise direkt zwischen den Spielgeräten. Die sind – typisch Neustadt – Marke Eigenbau und laden zum Klettern und »Piraten ahoi«-Rufen ein.

Die netten Mitarbeiter sind jeden Tag für die Tiere da und fast jeden Tag für die Kids. Viele kommen regelmäßig her. Zusammen mit den Erwachsenen pflegen sie den Garten, kochen die Ernte auf dem Feuer, schnitzen und basteln. Auf dem Budenbauplatz darf mit Brettern und Stangen gebaut, gehämmert und gesägt werden. Und wenn das Wetter mal gar zu schlecht ist, bietet der große beheizte Spielraum neben dem Pferdestall genug Platz und noch viel mehr Ideen zum Werkeln und Spielen.

Der wahre Anziehungspunkt im »Panama« sind aber natürlich die Tiere. Wo sonst kann man mitten im Stadtgebiet Pferde füttern und striegeln, Kaninchenställe bauen und Ziegenmist schippen? Wo kann man bei der Geburt eines Ziegenbabys dabei sein oder ein Meerschweinchen beerdigen? Auch die Anwohner finden es cool, beim Morgenkaffee einer Ponykarawane zuzuschauen.

Adresse Seifhennersdorfer Straße 2, 01099 Dresden-Neustadt // ÖPNV Straßenbahn 13, Haltestelle Alaunplatz // Öffnungszeiten Mo–Mi 9–19 Uhr, Do, Fr 9–14 Uhr, danach nur für Schulkinder ohne Erwachsene, Sa, So 9–12 und 16–18.30 Uhr; Eintritt frei, beim Familiensonntag Erwachsene 2 Euro // 4–14 Jahre

TIPP: Ungeliebten Blumenkohl oder ekligen Fenchel kann man in die Spendenkiste am Eingang werfen – die Tiere freuen sich darüber!

2_DER ALAUNPARK

Grüne Oase im bunten Viertel

Einer der kleinsten Parks in Dresden ist Erholungsgebiet für die ganze Äußere Neustadt. Hier treffen Fußballteams auf Slackline-Könner, Gemeinschaftsgärtner auf Stillgruppen. Auf dem Rasen krabbeln Babys, knutschen Pärchen und tanzen Jugendliche in die Nacht. Das Toilettenhäuschen am Parkeingang ist genauso bunt besprüht wie einige Parkbäume.

Im Sommer sieht man oft kein Grün mehr zwischen all den Menschen. Im Winter geht es sportlich zu: Rodelberge fordern Höchstleistungen, und es gibt eine echte, offiziell eingetragene Sprungschanze – vom 129 Meter hohen (oder eher: über dem Meeresspiegel liegenden) »Mount Alaun«.

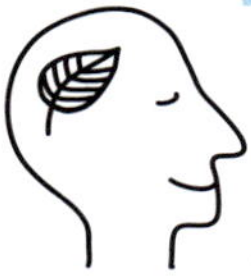

Die Neustädter lieben ihren Park, auch wenn er auf Außenstehende etwas abgeliebt und nachts gar gruselig wirkt – eine Beleuchtung der Wege fehlt aus Naturschutzgründen. Erst seit knapp 60 Jahren ist hier eine Grünfläche; vorher war der Park Exerzierfläche für Soldaten, noch früher die Richtstätte von Dresden, wo Verbrecher geköpft und Hexen verbrannt wurden.

Nach dem Zweiten Weltkrieg wollten die Dresdner hier lieber ihre Kinder spielen lassen und säten Rasen auf den Sand. Hundekot und Party-Müllberge drohten dem Alaunpark den Ruf zu versauen, aber die Neustädter haben es mit einer Müll-Kampagne geschafft, ihren Park wieder lebens- und liebenswert zu machen. Der Alaunpark mag ein wenig schlicht daherkommen. Umso bunter ist das Leben auf dem abgetretenen Rasen. Und wer am nördlichen Ende auf die Parkmauer klettert, genießt einen tollen Blick über Dresden!

TIPP: Das beliebte »Café Komisch« gegenüber vom Alaunplatz öffnet beim ersten Sonnenstrahl seinen Straßen-Softeis-Verkauf. Schlangen bis zur nächsten Straßenecke sind der beste Qualitätsbeweis!

Adresse zwischen Bischofsweg und Tannenstraße, 01099 Dresden-Neustadt, Zugänge entlang des gesamten Bischofswegs, von der Kamenzer und Tannenstraße (kein Zaun) // ÖPNV Straßenbahn 13, Haltestelle Alaunplatz // Öffnungszeiten immer, Do und Sa Wochenmarkt auf dem Alaunplatz // ab 0 Jahre

3_DIE ALTEN MEISTER

Wilde Wimmelbilder und freche Engel

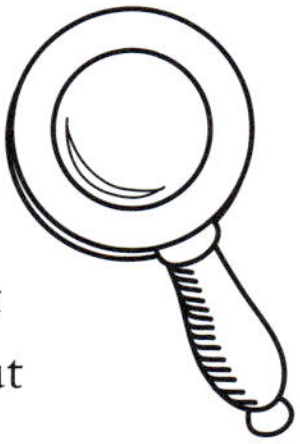

Am besten geht man mit Kindern am späten Nachmittag in die Alten Meister. Da sind die Besuchergruppen schon in ihre Reisebusse gestiegen, und man hat die Ausstellung fast für sich allein. Man setzt sich auf eines der gemütlichen Ledersofas und schaut sich die Gemälde in Ruhe an.

Was es da nicht alles zu entdecken gibt! Das »Schokoladenmädchen« von Liotard, die Dresden-Panoramen von Canaletto oder König August II. von Polen hoch zu Pferd, der in Gold auf dem Neustädter Markt steht. Die biblischen Geschichten sind so phantastisch detailliert, dass sie wie Wimmelbilder anmuten. Nicht jugendfreie allerdings.

Das Lieblingsgemälde vieler Besucher ist die Sixtinische Madonna, 1512 von Raffael gemalt und über 200 Jahre später von August III. gekauft, im Siebenjährigen Krieg in der Festung Königstein versteckt, nach dem Zweiten Weltkrieg nach Moskau verschleppt und seit 1955 wieder in Dresden.

Das liegt weniger an der heiligen Mutter mit ihrem Sohn, als an den zwei frechen Engelchen am unteren Bildrand. Die beiden sind Stars, erscheinen auf eigenen Gemälden, Postkarten und Merchandise-Artikeln. Dabei ist nicht einmal sicher, dass Raffael sie selbst gemalt hat; sie wurden erst nachträglich auf den Wolkenhintergrund aufgetragen.

TIPP: Das Ticket für die Alten Meister gilt auch für den Mathematisch-Physikalischen Salon. Wenn nachher noch Zeit ist, sollte man unbedingt im gegenüberliegenden Flügel des Zwingers vorbeischauen, es lohnt sich!

Adresse im Zwinger, Theaterplatz 1, 01067 Dresden-Innere Altstadt, www.gemaeldegalerie.skd.museum // **ÖPNV** Straßenbahn 1, 2, 4, 7, 11, 12, Bus 62, 75, Haltestelle Postplatz // **Öffnungszeiten** Di – So 10 – 18 Uhr; Tickets: Erwachsene 14 Euro, Kinder bis 17 Jahre frei // ab 4 Jahre // Das Foto zeigt eine Interimsausstellung, die im Februar 2020 von der neu eröffneten Dauerausstellung abgelöst wird.

4_DAS »ANAMIT«

Streetfood mit Spaßfaktor

Im »Anamit« kann man so vietnamesisch essen wie auf den Straßen von Hanoi oder Ho Chi Minh City. Dort hockt man beim Essen in den kleinen Garküchen auf kleinen Plastikstühlen am Straßenrand direkt neben dem rauschenden Verkehr.

Im »Anamit« kann man das genauso machen; nicht nur die Plastikhocker sind da, selbst die Straße wurde (zum Glück ohne die hupenden Mopeds) nachempfunden. Ab 19 Uhr sind die kleinen Tische so voll besetzt, dass tatsächlich ein gewisses Vietnam-Feeling aufkommt. Und es gibt ziemlich authentisches vietnamesisches Streetfood: knusprige Frühlingsrollen und weiche Sommerrollen, fetttriefende und unter Bergen von Kräutern begrabene Pfannkuchen und dampfende Schüsseln mit der berühmten »Pho«.

Seinen besonderen Twist bekommt das Restaurant durch den separaten Sitzbereich. Hier loungen die Gäste entspannt, lehnen sich an die Ziegelwand und schmökern, während sie auf ihr Essen warten, in dem Sammelsurium an Büchern in den deckenhohen offenen Regalen.

Wer es seltsam findet, sich in einem Restaurant die Schuhe ausziehen zu müssen, und wessen Beine sich nicht länger als zehn Minuten in Schneidersitz-Position halten lassen, für den ist der »Boden« im »Anamit« keine gute Idee. Aber ein Restaurantbesuch mit kleineren Kindern ist auf diese Weise auf jeden Fall eine ganz neue Erfahrung. Wenn die Kinder dann noch offen genug sind, um auch mal Unbekanntes auszuprobieren – vietnamesisches Essen ist nie scharf! –, kann es direkt losgehen.

Adresse Louisenstraße 30/Ecke Alaunstraße, 01099 Dresden-Neustadt, www.anamit.de // ÖPNV Straßenbahn 3, 6, 7, 8, 11, Haltestelle Albertplatz // Öffnungszeiten Mo–Fr 11.30–15 und 17–23 Uhr, Sa, So, Feiertage 11.30–23 Uhr // ab 3 Jahre

TIPP: Es gibt ein weiteres vietnamesisches Restaurant, ein paar Meter die Straße runter: Im »Amitea« auf der Alaunstraße gibt es leckeren süßen Bubble Tea!

5_DER ARTESISCHE BRUNNEN

Neustädter Wasser

Viele Neustädter füllen sich hier seit Jahrzehnten »ihr« Wasser ab und schwören auf die gute Qualität. Ungefähr genauso lange warnt die Stadtverwaltung, das Brunnenwasser habe keine Trinkwasserqualität.

Das Wasser des artesischen Brunnens ist konstant 18 Grad Celsius warm, weshalb der Brunnen als einziger in Dresden im Winter gefüllt bleibt. Und sein Mineralgehalt liegt bei über 400 Milligramm pro Liter, weshalb man es guten Gewissens als Mineralwasser bezeichnen darf.

Der Brunnen besteht aus drei getrennten Teilen. Der Schacht wurde 1832 in märchenhaften 1.000 Tagen von Freiberger Bergleuten gebohrt. Aus 243,50 Metern Tiefe sprudeln 65 Liter Wasser pro Minute empor. Für die Trinkwasserversorgung der Neustadt, wie es ursprünglich gedacht war, ist das leider viel zu wenig. Der Zierbrunnen auf dem Schacht wurde 1906 von Hans Erlwein errichtet, der in Dresden viele Bauwerke geschaffen hat. Und ja, drin schwimmen echte Goldfische! Die eigentliche Quelle sprudelt auf der anderen Seite der Königsbrücker Straße, und zwar im (!) DVB-Hochhaus, dem ältesten Bürohochhaus Dresdens. Das alte Brunnenhaus, das wie eine Hütte mit spitzem Dach aussieht, wurde bei den Renovierungsarbeiten einfach in das Hochhaus eingebaut.

Von da läuft das Wasser unterirdisch zu einem kleinen Trinkbrunnen an der Hauswand des »Nudelturms« – eines 1980er-Wohnblocks, der so hässlich aussieht, dass er schon wieder als schick gilt. Dort kann man dann darüber streiten, ob man das aus dem Hahn sprudelnde Wasser nun trinken soll oder nicht ...

Adresse Albertplatz (Nordseite), 01099 Dresden-Neustadt // **ÖPNV** Straßenbahn 3, 6, 7, 8, 11, Haltestelle Albertplatz // **Anfahrt** nächste Parkmöglichkeit in der Tiefgarage des »Simmel«-Einkaufszentrums // ab 2 Jahre

TIPP: Gleich nebenan im Einkaufszentrum »Simmel« wartet ein kleines kostenfreies Karussell auf die Kinder, die keine Lust haben, zusammen mit ihren Eltern einzukaufen. Der begehrteste Platz ist der auf dem Pferd, also lieber ein paar Runden mehr einplanen!

6_ DIE ASCHENBRÖDEL-AUSSTELLUNG

Zweiter Ruhm für Schloss Moritzburg

Kurfürst August der Starke hat in Dresden viele Spuren hinterlassen. Auch das hübsche Jagdschloss in Moritzburg peppte er gründlich auf. Seit dem 18. Jahrhundert steht es auf einer künstlichen Insel im Schlossteich in einer herrschaftlichen Gartenanlage, umgeben von einem Wald, den der Kurfürst mit seinem Hofstaat zu Jagdausflügen durchstreifte.

Der neue Star des Jagdschlosses ist zwar keine echte Prinzessin. Aber das schöne »Aschenbrödel« gehört heute fest zum Schloss Moritzburg. Dessen Säle und der verschneite Schlosspark waren die Kulisse für die deutsch-tschechische Koproduktion »Drei Haselnüsse für Aschenbrödel« von 1973.

Schon vor der Wende war der DDR-Märchenfilm Kultfilm in ganz Deutschland. Jedes Jahr zur Weihnachtszeit dudelt der Titelsong im Radio rauf und runter, der Film läuft auf ARD oder ZDF, und die Besucher der Aschenbrödel-Ausstellung stehen Schlange. Im Winter 2018/19 wurde die Millionenmarke überschritten.

Die 2010 eröffnete Ausstellung ist wirklich liebevoll und sehr interaktiv gestaltet. Einen Skandal hatte sie auch schon: 2014 wurde Aschenbrödels Ballkleid aus der Vitrine gestohlen – die reuigen Diebe schickten es aber wieder zurück. Leider ist die Aschenbrödel-Ausstellung nur im Winter geöffnet. Auch im Sommer kann man aber Aschenbrödels Schuh anprobieren, der draußen auf der Freitreppe steht!

TIPP: Auf der Rückseite des Schlosses kann man durch ein Fenster im Erdgeschoss einen Blick in den Ballsaal erhaschen, wo winzige Figürchen ein Menuett tanzen – ganz wie im Film. Auch das treue Pferd Nikolaus ist durch ein Fenster zu entdecken.

Adresse im Schloss Moritzburg, Schlossallee, 01468 Moritzburg, www.schloss-moritzburg.de // **ÖPNV** Bus 477, Haltestelle Schloss Moritzburg, circa 30 Minuten von Dresden Bahnhof Neustadt // **Anfahrt** A 4, Abfahrt Wilder Mann/Moritzburg, circa 15 Kilometer nördlich von Dresden // **Öffnungszeiten** jedes Jahr ab Mitte Nov. – Anfang März Di – So 10 – 17 Uhr; Eintrittspreise: Erwachsene 8 Euro, Kinder 1 Euro, bis 5 Jahre frei // ab 4 Jahre

7_DAS »AUSONIA«

Im Reich der Osterhasen und Weihnachtsmänner

Die gemütliche italienische Pizzeria in einem Hinterhof der mondänen Königstraße ist vor allem zu Ostern und zu Weihnachten gut besucht. Nicht, weil dann besondere Leckereien auf der Speisekarte stehen. Nein, das »Ausonia« selbst ist dann die Attraktion – wobei die Pizza ziemlich gut schmeckt.

Seit 1996 holt Luigi Murolo pünktlich vor dem ersten Advent, am Rosenmontag und einige Tage vor dem Karfreitag die Deko-Kisten aus dem Keller. Der ist groß und fasst viele Kisten. Und in jeder stecken eine Menge Weihnachtsmänner, Osterhasen, Luftschlangen und was man nicht noch alles als Festtagsdeko in die Bude hängen kann.

Gästen, die dann das »Ausonia« betreten, fällt für gewöhnlich als Erstes die Kinnlade herunter. Ich habe es noch nie geschafft, alle Deko-Weihnachtsartikel oder alle Osterhasen, Küken und Eier zu zählen, aber es müssen Hunderte sein. Wenn nicht gar Tausende!

Für Kinder, die beim Essen nicht lange still sitzen können, ist der Deko-Rausch ein Segen. Mit runden Augen sitzen sie da oder laufen andächtig zwischen den vielen geschmückten Regalen und Fensterbögen herum, wo sich alle Deko-Artikel versammeln, die jemals in Deutschland verkauft wurden. Wer gar zu zappelig wird, der kann im Innenhof vor dem Restaurant toben – dort hängt noch mehr Deko.

Adresse Königstraße 9, 01097 Dresden-Neustadt, www.ristorante-ausonia.de // **ÖPNV** Straßenbahn 3, 7, 8, Haltestelle Albertplatz, Straßenbahn 9, Haltestelle Palaisplatz // **Öffnungszeiten** täglich 11.30–24 Uhr // ab 2 Jahre

TIPP: Nicht den Zwilling »Ausonia 2« an der Frauenkirche besuchen – dort gibt es nur den üblichen Touristenkram.

8_DIE ÄUSSERE NEUSTADT

Urban Art am Straßenrand

Street-Art gehört zur Äußeren Neustadt wie Schokolade zu Kindern. Das hat die Stadtverwaltung nach langen Kämpfen akzeptiert. Während die Eltern also die kleinen Läden zwischen Albertplatz und Alaunplatz durchstöbern und die Gründerzeithäuser bewundern, können Kids die Augen nach Street-Art offen halten. Zu entdecken gibt es reichlich: gesprühte und geklebte Wandbilder, Murals und Sticker in jeder Größe.

Sehr sehenswert, wenn auch manchmal erklärungsbedürftig, ist das politisch oft pikante Wandbild am Scheunevorplatz, neben dem im Biergarten »Katy's Garage« ein fliegender Trabi schwebt. Wandbilder im Art-déco-Stil schmücken so manche Toreinfahrt zu den geheimnisvollen Hinterhöfen. Sogar die Parkautomaten sind mit Street-Art »gepimpt«. 2014 wurden in einer Aktion des Straßen- und Tiefbauamts 20 Parkautomaten von Urban-Art-Künstlern bemalt. Jeder ist von einem anderen Künstler gestaltet und jeder sieht anders aus. Wer sucht, findet auch die wenigen Exemplare, die immer noch in tristem Grau auf mutige Sprayer warten ...

Wem die Street-Art in der Äußeren Neustadt Lust auf mehr gemacht hat, der läuft einfach ein Stück weiter nach Westen – die Straßen des direkt angrenzenden Hechtviertels sehen etwas abgerockter aus als die gentrifizierte Neustadt, aber hier gibt es dafür noch viel wildere Wandbilder zu entdecken!

Adresse Geviert zwischen Bautzner Straße, Rothenburger/Görlitzer Straße, Bischofsweg und Königsbrücker Straße, 01099 Dresden-Neustadt // ÖPNV Straßenbahn 3, 6, 7, 8, 11, Haltestelle Albertplatz, Straßenbahn 13, Haltestelle Bautzner/Rothenburger Straße oder Alaunplatz // ab 3 Jahre

TIPP: Street-Art macht in der Neustadt auch vor der Natur nicht halt – das sieht man im Alaunpark sogar an den Bäumen!

9_DER BAHNHOF NEUSTADT

Das beste Echo der Stadt

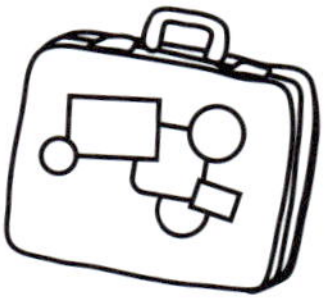

Der Neustädter Bahnhof ist nicht ganz so groß wie der Altstädter, aber in einer Beziehung noch beeindruckender: Die Decke der 17 Meter hohen Empfangshalle ist ein neoklassizistisches Schmuckstück. Unter dem riesigen gewölbten Glasdach, das 2001 zum 100. Geburtstag des Bahnhofs erneuert wurde, sind regelmäßig Fotoausstellungen zu sehen. Der Blick sollte aber auch nach oben gehen: Die Stirnwände und das Dach schmücken Ausmalungen aus der Jugendstil-Zeit, die bei der Renovierung unter mehreren Schichten Putz wiederentdeckt wurden. Von der Porzellanmanufaktur Meißen stammt das riesige Wandbild, das auf 900 Fliesen Bilder von Sachsens schönsten Burgen, Schlössern und Gärten zeigt. Nur ein einziges Porzellan-Wandbild ist noch größer: der Fürstenzug, der sich über 102 Meter hinter dem Dresdner Stallhof erstreckt.

Wer mit Kindern am Bahnhof Neustadt zu den Gleisen oder den wenigen Geschäften läuft, für den ist unter diesen schönen Bildern eine noch etwas längere Pause Pflicht: Man muss es einfach ausprobieren, das hervorragende Echo, das am besten und längsten exakt in der Mitte der Halle erklingt. Ob Rufen, Klatschen oder (weniger peinlich für alle, denen das peinlich ist) Zungenschnalzen – die Töne klingen zwei-, drei-, viermal oder häufiger nach. Was für ein Spaß!

Noch mehr Wartezeit rumzubringen? Kein Problem, wenn man genug Kleingeld dabeihat. Um die vier Züge auf der Modellbahn-Anlage ans Laufen zu bringen, ist ein Euro eine gute Investition.

Adresse Schlesischer Platz 1, 01097 Dresden-Neustadt, barrierefrei // **ÖPNV** Straßenbahn 3, 6, 11, Haltestelle Bahnhof Neustadt, S-Bahn S1 und S2, Haltestelle Bahnhof Neustadt // **Öffnungszeiten** immer // ab 2 Jahre

TIPP: Schon vor dem Bahnhof heißt es: Augen offen halten. Statt von den gewohnten Ampelmännchen werden Fußgänger von einer Ampelfrau von den Straßenbahn-Haltestellen auf den Bahnhofsvorplatz geleitet.

10_DIE BASTION MERKUR

Spielplatz mit historischem Vorbild

Schon vor 700 Jahren war Dresden von einer Stadtmauer umgeben. Herzog Moritz baute sie im 16. Jahrhundert topmodern aus und errichtete eine Festung samt Zeughaus für Waffen und Unterkünften für die Soldaten. Bastionen in der Mauer sollten bei der Verteidigung gegen Angreifer helfen. Sie trugen ursprünglich deutsche Namen wie Jungfernbastei, Hasenberg oder Feuerwerksplatz. August der Starke fand das nicht poetisch genug und gab den sieben Bastionen lieber die Namen römischer Götter. Fast 100 Jahre später wurde Dresden »entfestigt«; die Franzosen waren besiegt, der Platz in der Stadt wurde knapp, und die dicken Mauern störten.

Geblieben sind ein Teil der Bastion Venus in Form des »Bärenzwingers« und ein Rest der Bastion Luna am Zwinger. Im Top-Zustand ist die Bastion Merkur – okay, es ist nicht das originale Bauwerk. Aber der zweigeschossige Spielplatz hinter der Altmarktgalerie ist bewusst in Anlehnung an die Verteidigungsanlage gestaltet, damit auch die jüngsten Dresdner die Geschichte ihrer Heimat spielerisch erfahren können.

Die Kinder fühlen sich hoffentlich wenig kriegerisch gestimmt, wenn sie hier toben. Unter dem Klettergerüst mit mehreren Ebenen, Tunneln, einem Kletterkamin und Schaukeln warten einige Trampoline, von oben führen sehr lange, sehr coole Rutschen aus Edelstahl herab, und ringsherum läuft eine Rollerbahn. Für Teenies sind Chill-Gummimatten in variablen Höhen gespannt.

Beschützt wird der City-Spielplatz von Merkur selbst: Wer entdeckt das Standbild?

Adresse Wallstraße 19–21, 01067 Dresden-Innere Altstadt // ÖPNV Straßenbahn 1, 2, 6, Haltestelle Webergasse, Straßenbahn 7, 10, 12, Haltestelle Prager Straße // Öffnungszeiten 8–22 Uhr // 3–14 Jahre

TIPP: Auch für Abkühlung im Sommer ist gesorgt: Schnell über den Dr.-Külz-Ring zur Centrum Galerie hinüberlaufen, dort sprudelt ein ebenerdiger Springbrunnen!

11_DAS BILZBAD

Strandfeeling zwischen Weinbergen

Weil man in vielen Teilen Deutschlands nicht mal eben schnell an den Strand fahren kann, dachte sich vor über 100 Jahren der Heizungsbauingenieur Recknagel aus Berlin die Wellenmaschine »Undosa« aus. Sie wurde 1911 auf der Internationalen Hygiene-Ausstellung in Dresden präsentiert und sofort von Friedrich Eduard Bilz für sein »Licht-Luft-Bad« im Radebeuler Ortsteil Kötzschenbroda angekauft.

Seit 1912 erzeugt dort eine Maschine die schönsten Meereswellen, zu jeder vollen Stunde: Der Bademeister läutet die Glocke, und wie von Zauberhand ist das Wellenbecken voller Menschen. Während im flachen Bereich die Kleineren quietschend den Wellen ausweichen, lassen sich die Größeren im tiefen Wasser von den großen Brechern davontragen.

Das altehrwürdige Bilzbad in Radebeul steht zwar unter Denkmalschutz, ist aber ganz auf der Höhe der Zeit. Zwar sorgt die Wellenanlage nach wie vor im originalgetreuen Zustand für Badespaß. Aber ansonsten gibt es im wohl ältesten noch betriebenen Wellenbad weltweit alles, was das Herz begehrt: von Pommes frites und Eis über Minigolf und Tischtennis bis hin zu kostenfreiem WLAN. So kann man die 45 Minuten überbrücken, in denen die Wellenanlage ruht.

Adresse Meiereiweg 108, 01445 Radebeul, www.bilzbad-radebeul.de // **ÖPNV** Bus 400 von S-Bahnhof Radebeul Kötzschenbroda bis Haltestelle Sportplatz Lindenau, circa 10 Minuten Fußweg, oder Schmalspurbahn »Lößnitzdackel« bis Haltepunkt Lößnitzgrund und circa 7 Minuten Fußweg // **Anfahrt** A 4/A 13, Abfahrt Dresden-Flughafen, dann auf Wilschdorfer Landstraße bis Friedewald, dort links abbiegen auf Kötzschenbrodaer/Dippelsdorfer Straße, links auf Jägerhofstraße, links auf Neuländer Straße, links auf Buchholzweg und rechts auf Meiereiweg; großer kostenfreier Parkplatz vor dem Bad // **Öffnungszeiten** Mitte Mai–Mitte Sept. täglich 10–19 Uhr, in den Ferien bis 20 Uhr; Eintritt: Erwachsene 4 Euro, Kinder ab 1 Meter Körpergröße 2 Euro, Familienkarte 9 Euro // ab 2 Jahre

TIPP: Wer feststellt, dass ihm das alles doch zu wellig ist, kann die Wellen-Viertelstunde ganz normal im benachbarten Schwimmbecken oder im kleinen Planschbecken verbringen.

12_ DER BISMARCKTURM

Ungewöhnliches Dresden-Panorama

Der 23 Meter hohe Bismarckturm im Dresdner Süden bietet einen tollen Rundumblick und viel Geschichte. Der Turm wurde als eine von 145 Feuersäulen errichtet, die Anfang des 20. Jahrhunderts im ganzen Kaiserreich wie Pilze aus dem Boden schossen. Er stammt vom selben Architekten, der später das Hygiene-Museum baute – und ein Liebling Adolf Hitlers war. Im Mai 1933 fand in Dresden eine Bücherverbrennung am Fuß des Turms statt.

Eigentlich ein Wunder, dass der Bismarckturm nach 1945 nicht abgerissen wurde. Man benannte ihn in »Friedensturm« um, tilgte ihn aus den Stadtplänen und ließ ihn verfallen. Für die Kinder, die im daneben erbauten Plattenbaugebiet wohnten, war er ein Gruselhaus: Wer wagte sich in die finster gähnende Türöffnung oder die verschüttete Treppe hinauf, wo angeblich ein Skelett lag?

Ende der 1990er Jahre hat dann ein Verein von Dresdner Architekturstudenten den baufälligen Turm saniert und pünktlich zum 100. Jubiläum wieder begehbar gemacht. Auf das flache Dach führen 108 Stufen, drinnen ist es überhaupt nicht mehr gruselig.

Dafür kann man vom südlichen Rand des Talkessels weit über Dresden und in die andere Richtung bis in die Sächsische Schweiz und das Osterzgebirge schauen. Drinnen entdeckt man vielleicht das Nest der Turmfalken, die seit drei Jahren Stammgäste sind.

TIPP: Unterhalb des Bismarckturms erinnert ein Denkmal an General Jean Moreau, der hier 1813 in der Schlacht gegen Napoleon durch eine Kanonenkugel beide Beine verlor (und infolgedessen starb). Die Beine wurden mitsamt dem restlichen General in St. Petersburg begraben, sein Herz in Paris.

Adresse Moreauweg 1, 01217 Dresden-Zschertnitz // **ÖPNV** Bus 66, Haltestelle Südhöhe und circa 8 Minuten Fußweg // **Öffnungszeiten** Anfang März – Anfang Jan. Do – So 10 – 18 Uhr; Eintritt frei; Spenden an den Verein Bismarckturm Dresden e. V. erwünscht // ab 8 Jahre

13_DIE BRANDMAUER

Dresdens größtes Mural

Immer wieder müssen wir Dresdner uns für unsere Landsleute schämen: Seit fünf Jahren machen jeden Montag hasserfüllte »Patrioten« unsere Innenstadt unbesuchbar. Die Bundeskanzlerin traf hier auf grölende Demonstranten, und vor dem geifernden »Hutbürger«, der auf ein Kamerateam des ZDF losging, gruselte sich ganz Deutschland. Auch die Landtagswahl in Dresden im August 2019 war eine knappe Sache.

In der Äußeren Neustadt haben die wenigsten der AfD ihre Stimme gegeben. Hier sprayen und malen Straßenkünstler gegen Ausländerhass, Intoleranz und Menschenfeindlichkeit an. Die fensterlosen Brandmauern an einigen Häusern eignen sich besonders gut dazu. Für Augenreiben sorgte Mitte August ein frisches Wandbild, das die fünf Stockwerke hohe Brandmauer an einem Parkplatz an der Bautzner Straße verzierte – mit bestem Blick für alle Pendler und Touristen, die aus dem Norden Dresdens ins Stadtzentrum kommen.

Die Dresdner Werbeagentur Cromatics zeichnet verantwortlich für das mahnende Motiv von Lars P. Krause, das als »Sachsens größtes Wahlplakat« durch die Medien ging. »In der Wut verliert der Mensch seine Intelligenz«, dieser Spruch des Dalai Lama mahnt genauso zur Vernunft wie Zitate von Erich Honecker und Gustav Mahler auf drei weiteren Versionen des Bildes.

Das Wandbild eignet sich super für Gespräche mit Teenagern über Politik und Gesellschaft. Und es zeigt, dass Dresden mehr als ein Klischeebild ist. Dresden ist bunt, und viele Menschen kämpfen dafür, dass es so bleibt.

Adresse Bautzner Straße 61, 01099 Dresden-Neustadt, Stirnseite des gebührenpflichtigen Parkplatzes (Vorsicht: horrende Bußgelder bei Parkzeitüberschreitung) // **ÖPNV** Straßenbahn 11, Haltestelle Pulsnitzer Straße // ab 10 Jahre

TIPP: Mehr Murals und Wandbilder finden sich in der Äußeren Neustadt, im Scheunenhofviertel neben den Bahngleisen des Bahnhofs Neustadt und am »Hotspot« der Sprayer, am Scheunevorplatz an der Alaunstraße.

14_DIE BRÜHLSCHE TERRASSE

Würfelbäume und ein geheimer Garten

Während sich auf der Brühlschen Terrasse Touristen aus aller Welt drängen, ist es 50 Meter weiter hinten komplett still. Auf dem längsten Stück ist sie fraglos prunkvoll: angefangen bei den lustig zurechtgestutzten »Würfelbäumen« über den Blick aus bis zu zehn Metern Höhe auf die Dampfer der Weißen Flotte bis hin zum Planetendenkmal an der Treppe zur Münzgasse.

Danach wird die Brühlsche Terrasse aber erst richtig schön. Dann beginnt nämlich der Brühlsche Garten. Dieser kleine Park am östlichen Ende ist ein richtiger Geheimtipp; am Eingang auf der Jungfernbastei laufen die meisten Touristen vorbei, und unter den hohen Platanen ist es immer ruhig. Der Delphinbrunnen, letzter Original-Überrest des fürstlichen Gartens, bewacht den Eingang zum Park von der Terrassenseite aus. Hier wechselt auch der Bodenbelag von Steinplatten zu Splitt. Ab hier darf wieder gerannt werden, scheint das zu bedeuten. Kinder nehmen das Angebot nach einem anstrengenden Stadtbummel gern an.

Ursprünglich zog sich der Garten über die gesamte Terrasse; bei ihrer Erbauung zählte er zu den »Brühlschen Herrlichkeiten«, die heute alle verschwunden sind. 70 Jahre lang durfte nur Graf Heinrich von Brühl darin flanieren, der sich die Terrasse von Kurfürst August dem Starken schenken ließ. 1814 wurden Garten und Terrasse für die Bevölkerung geöffnet. Die Ansicht der Frauenkirche und das Panorama auf die Elbe sind einzigartig.

TIPP: Buggys oder Laufräder müssen nicht die große Freitreppe gegenüber der Hofkirche hinaufgeschleppt werden. Gleich daneben gibt es seit 2019 einen bequemen Aufzug, in den auch Fahrräder hineinpassen.

Adresse Brühlscher Garten, 01067 Dresden-Innere Altstadt, Zugang vom Georg-Treu-Platz oder vom Hasenberg, Aufgang an der Jungfernbastei // **ÖPNV** Straßenbahn 3, 7, Haltestelle Dresden Synagoge, Zugang vom Hasenberg/ Tzschirnerplatz // ab 1 Jahr

15_DIE »BUNTEWELT« AM ALTMARKT

Spielen, spielen, spielen!

Was macht man in Dresden an einem Montag, wenn alle Museen geschlossen sind? Ab ins Spielparadies »Buntewelt«, das superzentral am Dresdner Altmarkt liegt.

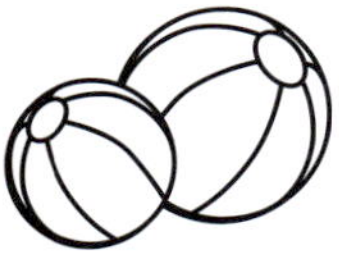

Das Erdgeschoss ist für die Größeren ab elf Jahren gedacht, hier werden Roboter gesteuert. Im ersten Stock laden unzählige Spielstationen zum Eintauchen in die verschiedensten Welten ein: Da stehen Spielküchen und ein Kaufmannsladen bereit zum Rollenspiel genauso wie Szenarien für Auto- und Eisenbahnfans. Da warten Spielwelten aus Schleich- und Playmobiltieren, Ritterburg-Szenarien und Puppenhäuser. Wer lieber baut, kann sich mit Kugelbahnen, Bausteinen und Kapla-Steinen austoben.

Noch entspannter ist es bei den Kleinsten, wo man sich in Sitzkissen fläzen und Duplo bauen kann. Zu alt für Babykram? Dann kann man die geschätzten 100 Brettspiele ausprobieren.

Ablenkung bietet die LEGONEOM-Ausstellung; im ganzen Haus hängen die witzigen Lego-Bilder des Dresdner Künstler-Duos EatMyBricks. Sind die Kids richtig im »Flow«, können sich die Eltern dezent zurückziehen, hinter den Sichtschutzwänden einen Kaffee trinken und den Laptop aufklappen (WLAN ist inklusive). Die optimale Zeit für einen Besuch sind zwei bis drei Stunden, danach lassen Aufmerksamkeit und Energie rapide nach.

TIPP: Am Platz vor der Altmarktgalerie wartet das Klo-Kino: Eine Treppe führt hier unter die Erde zu einer Scheibe, durch die man direkt in die Kanalisation schauen kann. Die Installation erinnert daran, dass Dresden eine der ersten deutschen Städte mit einem Abwassersystem war.

Adresse Altmarkt 10a, 01067 Dresden-Innere Altstadt, Eingang an der Seestraße, www.buntewelt.xyz // **ÖPNV** Straßenbahn 1, 2, 4, Haltestelle Altmarkt, Straßenbahn 7, 10, 12, Haltestelle Prager Straße // **Öffnungszeiten** Mo, Mi – Fr 14 – 19 Uhr, Sa, So und Ferien täglich 10 – 19 Uhr; Stundenticket: ab 1 Jahr 5 Euro, Verlängerung 3 Euro pro Stunde, Familienkarte für maximal 3 Stunden: zwei Besucher 15 Euro, vier Besucher 25 Euro, bei Online-Reservierung Rabatt oder mehr Spielzeit; schulpflichtige Kinder 8 Euro pro Stunde; Mitnahme von Essen und Trinken erlaubt // 1 – 13 Jahre

16_DAS »CAFÉ ROSENGARTEN«

Eis für Prinzessinnen

Eines der romantischsten Eiscafés von Dresden ist das kürzlich renovierte und nun in wunderschönem »Boho-Style« weiß strahlende »Café Rosengarten«. Vom breiten Elbufer durch den Elberadweg getrennt, wachsen hier am Königsufer seit 1936 insgesamt 120 Rosenbüsche; genauso lange gibt es auch das Café. Stadtgartendirektor Heinrich Balke wollte die Neustädter Seite ebenso schön wie die prunkvolle Altstädter Seite machen. Das Besondere: Sie sollte eigentlich hochwassersicher sein. Wer im August 2002 zum Jahrhunderthochwasser in Dresden war, der konnte sich davon überzeugen, dass nicht alle Baumeister ihre Versprechen erfüllen …

Unter den von Rosen berankten Pergolen des Cafés sitzt man nun wieder trocken und sehr angenehm, ob beim Kaffeetrinken mit Oma, beim Brunch mit Kolleginnen oder beim feinen Essen mit dem Liebsten. Wer Kinder mitbringt, kann die zu deren Vergnügen bestens in der Freiluft-Spielecke »abstellen«, die mit Sandkasten und einer akzeptablen Klettergerüst-Rutsch-Kombi ausgestattet ist.

Seine wahren Qualitäten offenbart das »Café Rosengarten« aber im Straßenverkauf – wobei man das Eis in der Waffel meist nicht mit auf die Straße nimmt, sondern quer über den Elberadweg an die breiten Elbwiesen. Und welche Sorte Eis wählt man dafür wohl am besten? Für echte Prinzessinnen gibt es nur eine Option unter den 24 Sorten: leckeres Roseneis, extra für das »Café Rosengarten« hergestellt in einer Eisküche gleich um die Ecke. Hmmm!

TIPP: Wenn die Rosenbüsche blühen, erkennen aufmerksame Besucher im Mittelteil des Parks einen Farbverlauf – von Weiß über Orange zu Rosa und Dunkelrot, danach wieder helleres Rot und Gelb.

Adresse Carusufer 12, 01099 Dresden-Neustadt, www.rosengarten-erleben.de // ÖPNV Straßenbahn 11, Haltestelle Pulsnitzer Straße, Straßenbahn 6, Haltestelle Rosa-Luxemburg-Platz, oder auch vom Fähranleger Neustadt-Johannstadt // Öffnungszeiten Mi – Fr 11.30 – 22 Uhr, Sa, Feiertage 10 – 22 Uhr, So 10 – 19 Uhr; 1 Kugel Eis 1,20 Euro // ab 2 Jahre

17_DAS »CAMONDAS«

Schokoladenmuseum für Gesundheitsbewusste

Nach dem Rundgang durch die Altstadt eine feine Trinkschokolade oder ein Schokoladeneis bei »Camondas«, und weiter geht es mit der Kultur. Aber halt! Im 2019 neu eröffneten Schokoladenmuseum im »Hinterstübchen« des Ladens wartet eine Überraschung auf Geschichtsinteressierte und Schokoladen-Fans.

Welcher Reiseführer weiß schon, dass Dresden im 19. Jahrhundert einer der weltgrößten Erzeuger von Schokolade war? Hier wurden der Adventskalender und die Milchschokolade erfunden! August der Starke ließ sich jeden Morgen eine Trinkschokolade ans Bett bringen, in speziellem Schokoladengeschirr aus Meißner Porzellan.

Selbst Alteingesessene staunen vor dem Stadtplan mit über 30 Schokoladenmanufakturen, die mehr als 4.000 Arbeiter beschäftigten. Schokoladen von Jordan & Timaeus oder Hartwig & Vogel genossen Weltruhm. Den Zweiten Weltkrieg und die DDR-Planwirtschaft überlebte keine. Erst heute finden sich wieder einige kleine Manufakturen, deren Erzeugnisse man bei »Camondas« kaufen kann.

Dass es sich lohnt, solche hochwertigen Schokoladen zu kaufen, lernt man bei einer Verkostung mit allen Sinnen. Wenn man im direkten Vergleich sieht, welche Zutaten in günstiger Supermarktschokolade vermischt werden und was die Bestandteile einer guten Schokolade kosten, verstehen auch Kinder: Qualität hat ihren Preis. Und sie schmeckt deutlich besser! Der Beweis sind die liegen gebliebenen Verkostungstäfelchen der Billig-Schoki, die die Museumsleiterin regelmäßig entsorgen muss.

TIPP: Nicht verwechseln und enttäuscht sein: Das »Camondas« hat gleich um die Ecke an der Frauenkirche eine Mini-Filiale, drei Schritte weiter an der Sporergasse findet sich noch eine Außenstelle, die (teures, aber tolles) Eis verkauft.

Adresse Schloßstraße 20–22, 01067 Dresden-Innere Altstadt, gegenüber dem Eingang zum Residenzschloss, www.camondas.de // **ÖPNV** Straßenbahn 1, 2, 4, 7, 11, 12, Bus 62, 75, Haltestelle Postplatz // **Öffnungszeiten** Mi–Mo 11–18 Uhr; Erwachsene 6,50 Euro, Kinder ab 6 Jahren 4 Euro, Familienkarte (maximal 3 Kinder) 20 Euro, kleine Familienkarte (1 Erwachsener, 3 Kinder) 14 Euro // ab 6 Jahre

18_DER CAROLASEE

Mehrzweckpfütze im Großen Garten

Als die Preußen im Siebenjährigen Krieg Dresden eroberten, blieb am südöstlichen Rand des Großen Gartens eine große Kiesgrube übrig. Gartendirektor Friedrich Bouché nahm die Brachfläche in den Park auf und machte einen See daraus. Wasser kam durch eine unterirdische Röhre aus dem 200 Meter entfernten Kaitzbach. Die Namensgeberin des Sees, die letzte sächsische Königin Carola, genoss bei den Dresdnern hohes Ansehen wegen ihres Engagements für die Armen. Ihr Name schmückt noch viele andere Straßen, Plätze und Gebäude.

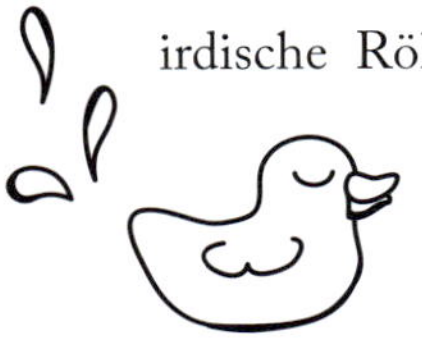

Für Wassersport ist der Carolasee zu flach. Boote lassen sich trotzdem romantisch hin und her rudern, und die geringe Tiefe lässt den Teich im Winter schnell zufrieren. Dann wimmelt es auf der Eisfläche von Schlittschuhläufern. Die vielen Wasservögel, Karpfen und Schildkröten stört das genauso wenig wie ferngesteuerte Boote, pritschelnde Kinder und lärmende Picknickgesellschaften.

Eine idyllische Ergänzung ist das Carolaschlösschen, das sich im Sommer hinter einer 13 Meter hohen Springbrunnenfontäne verbirgt. In dem mondänen Gebäude kann man ausgezeichnet brunchen. Für einen schnellen Kaffee oder eine Limo am Nachmittag gibt es den kleinen Biergarten am Bootsverleih.

Das Highlight für Kinder: Alle 10 bis 30 Minuten fährt die Parkeisenbahn am Carolasee vorbei. Die Loks und Wagen werden ehrenamtlich von Kindern geführt. Mitfahren dürfen auch Erwachsene!

Adresse Querallee, 01219 Dresden-Strehlen, am südwestlichen Rand des Großen Gartens, Höhe Tiergartenstraße/Oskarstraße (Fußgängerbrücke zum Carolaschlösschen) // ÖPNV Straßenbahn 9, 10, 13, Bus 62, 75, Haltestelle Querallee, S-Bahn S 1, S 2, Haltestelle Bahnhof Strehlen // Öffnungszeiten Schlittschuhlaufen frei, Bootsverleih 5 Euro pro 30 Minuten // ab 2 Jahre

TIPP: Auch wenn sie gar zu lieb dreinschauen: Weder die Enten noch die Schwäne, die auf dem Carolasee leben, sollten gefüttert werden. Große Schilder weisen darauf hin, dass man Tieren und Ökosystem des Teiches damit keinen Gefallen tut.

19_DER DAUMENABDRUCK

Sachsens starker August

August der Starke, König von Sachsen und Polen, war echt stark. Der Beweis: sein Daumenabdruck im Metallgeländer der Brühlschen Terrasse – heute noch zu sehen!

Zugegeben: Stimmen kann diese Geschichte nicht. Das fragliche Geländer mit der kleinen Delle wurde nämlich erst Jahre nach Augusts Tod an der Brüstung der Brühlschen Terrasse angebracht. Einige Mythen sind aber so schön, dass man sie August gönnen kann. Immerhin hat der Kurfürst mit seinem Faible für schöne Architektur, beeindruckende Parks und glitzernden Schmuck Dresden weltweit bekannt gemacht.

Tatsächlich hat August seinen Zeitgenossen häufig bewiesen, wie stark er war: Er zerbrach bei festlichen Gelagen Hufeisen (Meckerer munkeln, die wären vorher unauffällig angesägt worden) oder verbog Gegenstände aus Zinn (die wiederum könnten speziell für diesen Trick aus einem weichen Metallgemisch geschmiedet worden sein ...).

Der königliche Daumenabdruck im Brühlschen Garten am östlichen Ende der Brühlschen Terrasse ist nicht leicht zu finden. Ein Hinweis: Man sollte in der Nähe des Johann-Friedrich-Böttger-Denkmals suchen. Dass August seinen Daumen neben dem Schöpfer des Meißner Porzellans hinterließ, scheint passend – selbst wenn es reiner Zufall ist.

Adresse Brühlscher Garten, 01067 Dresden-Innere Altstadt // ÖPNV Straßenbahn 3, 7, Haltestelle Dresden Synagoge, Zugang vom Hasenberg/Tzschirnerplatz // ab 3 Jahre

TIPP: Eine weitere Mär, die sich von August dem Starken hartnäckig hält: Er soll 365 Kinder gezeugt haben. Belegt sind allerdings nur fünf uneheliche Kinder und ein Thronfolger.

20_DAS »DELI«

Fein speisen auch mit Nachwuchs

Auch mit Kindern kann man entspannt und lecker schick essen gehen: im »Deli«. Der »Budget-Ableger« des deutlich gehobeneren Sterne-Restaurants »Elements« liegt im hinteren Teil des sanierten Industrielofts im Komplex der »Zeitenströmung«.

Nicht einsehbar von der Königsbrücker Straße aus und nahezu verkehrsfrei, können Kinder hier während des Essens den großzügigen Hinterhof als Auslauf nutzen, wenn es das Wetter erlaubt. Drinnen ist ebenfalls ausreichend Platz. Ist noch nicht viel los, dürfen brave Kinder in der stilvollen Lounge mit ihren altehrwürdigen Ledersesseln und Schachspiel-Tischen allein herumlungern. Ansonsten steht im Eingangsbereich ein Tischkicker bereit, an dem die Spieler die speisenden Gäste nicht stören.

Die Eltern studieren derweil schmunzelnd die kleine, aber feine Speisekarte. Der Spruch des Tages stimmt auf die lockere Atmosphäre im »Deli« ein, und der kann durchaus lauten: »Freitag! Prinzipiell erst mal ausrasten.«

Vom »Crispy Octopus« bis zum Seeteufel-Saltimbocca ist hier alles dabei, für Eilige gibt es eine Box zum Mitnehmen. Eine Kinderkarte gibt es nicht – und sie ist auch unnötig: Kleine Gäste bestellen nämlich, worauf sie Lust haben. Das Küchenteam um Chefkoch Stephan Mießner, der seinen Michelin-Stern seit 2014 hält, macht fast alles möglich. Auch das günstigere »Deli« wird vom Michelin geehrt: Es führt einen »Bib Gourmand« für seine sorgfältig zubereiteten und preiswerten Speisen. Na dann, guten Appetit!

TIPP: Hinter dem »Deli« donnert am Niagara-Platz Dresdens mächtigster Wasserfall zu Tal. Zwar künstlich gespeist, aber immerhin aus fünf Metern Höhe und auf 15 Metern Breite. Das gibt garantiert nasse Füße!

Adresse Königsbrücker Straße 96, 01099 Dresden-Neustadt, auf dem Areal der Zeitenströmung, www.restaurant-elements.de // **ÖPNV** Straßenbahn 7, Haltestelle Heeresbäckerei // **Öffnungszeiten** Mo–Sa 11–23 Uhr, Reservierung sinnvoll // ab 1 Jahr

21_DAS DENKMAL VOR DER KREUZKIRCHE

Lächeln mit dem Chorknaben

Ihr 94 Meter hoher Turm prägt die Silhouette der Dresdner Altstadt: Die Kreuzkirche ist das größte Kirchengebäude Sachsens und der Stammsitz des Kreuzchors, in dem seit 650 Jahren 125 Jungen ihre Stimmen erklingen lassen. Der Ruf der »Kruzianer« ist weit über die Grenzen Dresdens hinaus legendär. Wer würde sich nicht wünschen, seinen Sohn in diesem illustren Knabenchor zu haben? Auslandstourneen, eine erstklassige Gesangsausbildung und Unterricht in einem der schönsten Schulgebäude Dresdens locken. Und natürlich Weltruhm! Vielleicht bekommt man dann auch so ein schönes Denkmal wie Julius Otto, ehemaliger Kreuzkantor? Unter seinem strengen Bronze-Blick sitzen vor dem Haupteingang zur Kreuzkirche vier Knaben, die aus einem Gesangbuch ablesen.

Aber wer ist Knabe Nummer fünf, der im blauen Anzug eine Stufe weiter unten steht? Ist das ein echtes Kind? Genauso hat es sich Niklas Klotz gedacht: Der Künstler wollte mit seiner Ergänzung des Denkmals von 1886 zeigen, dass der Kreuzchor mit seiner langen Geschichte auch sehr modern ist.

Der kleine Kerl aus Aluminium steht etwas verloren neben seinen Kollegen. Touristen nehmen ihn gern auf Gruppenbildern in die Mitte. Ist ja auch witzig, wenn Oma und Großtante erst beim dritten Hinschauen fragen, wo denn das überzählige Kind auf dem Dresden-Erinnerungsfoto herkommt. *Der* Tipp für ein cooles Dresden-Familienfoto!

Adresse am Haupteingang der Kreuzkirche, direkt gegenüber dem NH Hotel, wenige Meter entfernt vom Altmarkt oder vom Rathaus, 01067 Dresden-Innere Altstadt // ÖPNV Straßenbahn 1, 2, 4, Haltestelle Altmarkt, Straßenbahn 7, 11, 12, Bus 62, 75, Haltestelle Prager Straße // ab 2 Jahre

TIPP: Einen echten Selfie-Point gibt es in Dresden auch: an der südlichen Ecke des Hotelgartens des Westin Bellevue, direkt neben dem Spazierweg am Neustädter Elbufer. Hintergrund ist dort die wunderschöne Altstadt-Kulisse samt Kreuzkirchenturm.

22_DAS EISCAFÉ »BERGZIEGE«

Erster Stopp in Dresden

Für einen guten Start in einen sommerlichen Dresden-Trip verlässt man die A 4 über die Abfahrt Wilder Mann. Die führt auf direktem Weg in eines der ältesten Eiscafés des gleichnamigen Stadtteils.

Das Eiscafé »Bergziege« hat seinen Namen nicht von den netten Eisverkäuferinnen, sondern von seiner Lage: Es thront an der Kante des Dresdner Elbtalkessels, gleich neben der steil bergab führenden Großenhainer Straße. Die führt Dresden-Reisende auf ihrem Weg ins Zentrum durch ein richtig schönes Viertel. Der Wilde Mann hat seinen Namen vom gleichnamigen Gasthof, der schon seit dem 16. Jahrhundert hier steht.

Auch die »Bergziege« hat eine lange Geschichte: Sie stand seit 1880 auf dem Grundstück des Hotels »Bergwirtschaft« und bot ihren Gästen vom »Balkon der Neustadt« einen herrlichen Ausblick auf Dresden. Zur Wende war es damit vorbei; bis Bergziegen-Chef Frank das Nachbargrundstück mit der Ruine eines Blumenladens kaufte.

Das gelb gestrichene Häuschen bietet heute keine Aussicht mehr, aber leckeres Eis: ordentliche Portionen Schoko-Vanille-Softeis der Dresdner Traditionsmarke »Neumann's« (auf die stoßen Eisliebhaber in Dresden an jeder Ecke!), garniert mit frischen Erdbeeren und Sahne. Den Stammgästen schmeckt's, und ihre Kids kommen gern mit. Für sie gibt es nämlich den Baby-Eisbecher oder den Kinderbecher mit Filly-Pferdchen, Playmobil- oder Legomännchen.

TIPP: Keine Zeit für einen gemütlichen Eisbecher oder kein Platz auf dem kleinen Parkplatz? Dann wenigstens einen »Autobecher« mit tiefgefrorenem Softeis direkt mitnehmen – keine Ausrede!

Adresse Großenhainer Straße 245, 01129 Dresden-Wilder Mann, www.eiscafe-bergziege.de // **ÖPNV** Straßenbahn 3, Bus 73, 80, Haltestelle Wilder Mann (von dort 450 Meter steil bergauf!) // **Anfahrt** A 4, Abfahrt Dresden-Wilder Mann, auf Moritzburger Landstraße/Großenhainer Straße, nach 180 Metern rechts auf Kalkreuther Straße abbiegen // **Öffnungszeiten** im Sommer täglich 13–18 Uhr, an Wochenenden auch 9–21 Uhr; im Winter Sa–Mo 13.30–17.30 Uhr, Mo nur bis 17 Uhr // ab 2 Jahre

23_DAS EISWURMLAGER

Auf Drachenjagd

In Dresden gibt es Drachen! Etwa 100 Jahre alt ist die Geschichte vom »Eiswurm«, der auf den Bierfässern der Plauener Felsenkellerei hockt und das Kühl-Eis abschleckt. Die Suche nach dem Drachenhort beginnt an der Bienertmühle am südlichen Stadtrand. Die Familie Bienert hat den ersten Kindergarten in Dresden eröffnet. Damals hieß das noch »Kinderaufbewahranstalt«.

Am Ufer der wilden Weißeritz staunen die Kids, wenn man erzählt, wie das harmlose Flüsschen bei der Jahrhundertflut im Jahr 2002 Straßen und Keller überflutete, Autos und Brücken fortriss. Heute ist der Flusslauf sauber eingefasst, die umliegenden Straßenzüge sehen besser aus als vor dem Hochwasser.

500 Meter weiter führt der Wanderweg über eine Staustufe der Weißeritz. Hier können wagemutige Kinder auf Steinen balancieren und in den Bach fallen. Im Schatten der hoch aufragenden Felswand geht es dann zwischen den Gebäuden der alten Felsenkellerei hindurch zu einer langen Treppe. Ob es 300 oder 350 Stufen sind, muss jeder selbst zählen – Hauptsache, man verpasst nicht den Drachenhort! Den kühlenden Eiskeller gibt es zwar nicht mehr, der Drache ist aber noch da – und ziemlich niedlich.

Nach dem Aufstieg wartet die Kellerwiese. Im Frühjahr blühen dort über 100 Obstbäume; im Spätsommer kann man die wild wachsenden Früchte ernten. Mit einem Panoramablick auf Dresden geht es vorbei am Aussichtsturm Hoher Stein und schließlich bergab durch die Gassen von Coschütz zurück zum Start.

Adresse Start und Ziel: S-Bahnhof Plauen, Altplauen 20, 01187 Dresden-Plauen, direkt am Flussufer vor der Brücke, Länge: circa 2,5 Kilometer // **ÖPNV** S-Bahn S 3, Buslinien 62, 63, 85, Haltestelle Bahnhof Plauen // ab 4 Jahre

TIPP: Am besten, man biegt auf dem Rückweg kurz vor dem Ziel noch vor dem Friedhof rechts auf die Krausestraße ab und läuft vor bis zur Coschützer Straße, wo das Eiscafé »Piccolino« wartet.

24_DER ELBEFLOHMARKT

Schnäppchen für Frühaufsteher

Ob die Sonne scheint oder der Regen prasselt, der Elbeflohmarkt öffnet jeden Samstagmorgen seine Tore. Wobei: Tore gibt es nicht, die Verkaufsstände werden seit jeher unter freiem Himmel unter den Brückenbefestigungen des Käthe-Kollwitz-Ufers an der Albertbrücke aufgebaut. Gegen sieben Uhr trudeln die Stammverkäufer ein und bauen Pavillons und Tapeziertische auf. Ab neun Uhr geht es los – wer lange frühstückt, verpasst die besten Schnäppchen. Spätestens ab 14 Uhr verlassen die ersten Händler den weiten Platz am Elbufer, am Nachmittag ist vom Gewusel keine Spur mehr zu sehen. Kinder entdecken hier immer etwas, was sie unbedingt haben müssen: Von verschnörkelten Zauberspiegeln über Schleich-Feen, Sammelfiguren und Comics bis hin zu begehrtem Glitzerschmuck, Pokémon-Tauschkarten oder Matchbox-Autos bieten die Stände der über 600 Händler alles, was die Keller und Dachböden der Dresdner hergeben. Daneben gibt es reichlich Kram für Erwachsene; wenn man auf Vintage- oder antike Möbel und Dekokram steht, ist der Elbeflohmarkt ein Muss!

Neben einigen professionellen Trödlern trifft man Stammgäste, die jedes Wochenende herkommen und ihren Krimskrams verticken. Es lohnt sich, nicht nur Geld und eine große Tasche mitzubringen, sondern auch etwas Zeit. Die Verkäuferinnen und Verkäufer haben oft spannende Geschichten über die Erinnerungsstücke und (vermeintlichen) Raritäten zu erzählen.

Adresse Käthe-Kollwitz-Ufer, 01307 Dresden-Johannstadt, www.elbeflohmarkt.de // **ÖPNV** Straßenbahn 6, 13, Haltestelle Sachsenallee // **Öffnungszeiten** Sa 7–14 Uhr; Eintritt frei, für Händler kostenpflichtig (wird direkt beim Aufbau abgerechnet) // ab 3 Jahre

TIPP: Ein Markt der anderen Art findet immer freitags vor dem Hygiene-Museum an der Lingnerallee statt: Der Sachsenmarkt ist Dresdens größter Wochenmarkt und bietet neben regionalen Lebensmitteln auch Kleidung, Spielzeug und alle möglichen anderen Dinge.

25_DER »ELBEGARTEN DEMNITZ«

Chillen am Blauen Wunder

Der »Elbegarten« am Blauen Wunder hat eine lange Geschichte: Schon 1316 stand hier die »Erbschänke«. Seinen heutigen Namen bekam der Biergarten 1851 von Ernst Demnitz, der ihn zur ersten Adresse am Platz machte.

Zwar ist die Zeit der rauschenden »Loschwitzer Wäscherinnenbälle« vorbei, aber der Biergarten ist nach wie vor ein beliebtes Ziel für Radler, Spaziergänger und Ausflügler. Vor allem Familien lassen sich hier gern nieder. Während die Eltern sich von der Radelei auf dem Elberadweg erholen, dürfen die Kleinen die ungenutzte Kraft auf dem großen Spielplatz herauslassen. Das große, erst zwei Jahre alte Klettergerüst und die Rutsche sind für die Älteren da, das Revier der Babys ist der Sandkasten mit jeder Menge Sandschippen, Förmchen und Bagger.

Am schönsten ist der Blick auf das Blaue Wunder. Bei der Übergabe der Brücke 1893 war der Biergarten der beste Platz, um die spektakuläre Belastungsprobe anzusehen: Um zu beweisen, dass die Loschwitzer Brücke auch ohne Standpfeiler im Flussbett stabil war, wurden mehrere Dampfwalzen, drei schwer beladene Straßenbahnwagen samt Pferdegespannen, drei Wassersprenger der Feuerwehr, ein voll besetzter Pferdebahnwagen, mehrere Kutschen sowie ein Jägerbataillon aus der Dresdner Kaserne auf die Brücke gestellt.

Auch wenn es heute zur Rushhour am Blauen Wunder ziemlich laut zugeht – unter den blau gestrichenen Brückenbögen, wo die breite Elbe fließt, ist von dem Tohuwabohu nicht viel zu spüren.

Adresse Friedrich-Wieck-Straße 18, 01326 Dresden-Loschwitz // **ÖPNV** Bus 61, 83, Haltestelle Körnerplatz // **Öffnungszeiten** bei schönem Wetter Mo–Fr 12–23 Uhr, Sa, So 11–23 Uhr; nur Barzahlung möglich // ab 1 Jahr

TIPP: Das Jahrhunderthochwasser von 2002 war nicht das erste, das Dresden überschwemmte. An mehreren Hauswänden der Friedrich-Wieck-Straße zeigen eindrucksvolle Hochwassermarken, wie hoch die Elbe hier schon stand.

26_DIE ELBSCHLÖSSER

Besuch beim Odol-König

Schon von Weitem bieten die drei Schlösser hoch über dem nördlichen Elbufer einen tollen Anblick. Könige wohnten hier aber nie. Schloss Eckberg war das Prestigeprojekt eines reichen Dresdner Kaufmanns, Johann Daniel Souchay. Ein anderer Selfmade-Millionär, nämlich der Erfinder der Zahnpasta, lebte bis 1932 im Schloss, das heute ein Luxushotel ist.

Witzigerweise wohnte auch im Lingnerschloss ein Mundhygiene-Mogul: Karl August Lingner erfand das Mundwasser »Odol« und stiftete das Hygiene-Museum. Über seine bewegte Lebensgeschichte und seine vielen verrückten Erfindungen informiert eine kleine Ausstellung. Heute gehört das Lingnerschloss der Stadt: Lingner hat in seinem Testament bestimmt, dass alle Dresdner die Schönheit des Schlosses genießen können sollen. Und das tun sie: Von der Terrasse des Biergartens hat man den vielleicht schönsten Blick über das Dresdner Elbtal.

Im Schloss Albrechtsberg endlich lebte wirklich ein Adeliger: Prinz Albrecht. Der war nach seiner Scheidung und einer nicht standesgemäßen zweiten Heirat bei Hofe unerwünscht und zog mit seiner neuen Frau Rosalie von Rauch nach Dresden. Bis 1990 war das Schloss als erster »Pionierpalast« der DDR ein Reich für Kinder, die »JugendKunstSchule« nutzt die Torhäuser noch heute. Im festlichen Kronensaal finden ab und zu Konzerte statt, ansonsten hat das Volk nur zum Schlosspark Zutritt. Der ist aber so schön, dass ihn die Dresdner gern durchbummeln.

TIPP: Im Biergarten auf den Lingnerterrassen gibt es immer ein Getränk für 0,80 Euro – so hat es Lingner testamentarisch verfügt. Auch die »Lingnergerichte« im schicken Restaurant kosten immer unter zehn Euro.

Adresse Bautzner Straße 130/132, 01099 Dresden-Neustadt // ÖPNV Straßenbahn 11, Haltestelle Wilhelminenstraße, von hier zum unteren Parkeingang, Haltestelle Elbschlösser für Eingang Schloss Albrechtsberg und Lingnerschloss, von »unten« durch ein Tor zum Körnerweg und über den Weinberg (nur für Fußgänger und Radfahrer) // Öffnungszeiten Parks von Schloss Albrechtsberg und Lingnerschloss: tagsüber bis circa 22 Uhr; »Remise« von Schloss Albrechtsberg mit kleinem Museum: täglich 10–18 Uhr, Schlossführungen circa einmal im Monat sonntags, Lingnerschloss: Mo–Fr 13–18 Uhr, Sa, So, Feiertage 11–18 Uhr (April–Okt.), Sa, So, Feiertage 11–17 Uhr (Nov.–März), Lingnerterrassen: Di–Sa 12–22 Uhr, So Brunch 10–14 Uhr, So 15–18 Uhr, Mo Ruhetag (www.lignerterrassen.de) // ab 0 Jahre

27_DIE ELBWIESEN

Heißluft-Magie bei Sonnenuntergang

Die bis zu 400 Meter breiten Elbwiesen ziehen sich über 30 Kilometer durch die gesamte Stadt. Vor der Silhouette der Frauenkirche sieht man hier das ganze Jahr über die Dresdner spazieren und radeln, picknicken und Drachen steigen lassen.

Die Elbwiesen haben den Dresdnern 2004 den UNESCO-Weltkulturerbetitel gebracht (den sie 2009 per Volksentscheid aufgaben, um die Waldschlösschenbrücke zu bekommen). Regelrecht magisch wird die Stimmung, wenn an lauen Sommerabenden die riesigen Hüllen der Heißluftballons ausgepackt werden. Ab 18 Uhr pusten auf den Wiesen die Ventilatoren und fauchen die Gasbrenner, bis ein Ballon nach dem anderen in unfassbarer Größe und Leichtigkeit in die Luft hochsteigt.

Passanten bleiben dann mit offenen Mündern stehen und winken den Startenden zu, die sich geräuschlos in die warme Abendluft erheben. Einem Heißluftballon beim Abheben zuzuschauen hat etwas Erhebendes. Steht der Wind günstig, genießt man von hoch oben die perfekte Vogelperspektive auf Dresden. Selbst Höhenängstliche haben im Heißluftballon keine Probleme.

Das Schönste am Ballonfahren ist das Unplanbare: Wo die Fahrt hingeht, bestimmt allein der Wind. Das Zweitschönste: Zuschauen ist fast genauso toll wie Mitfahren.

TIPP: Im Sommer sieht man fast jeden Abend die Heißluftballons auf der Wiese vor dem Finanzministerium starten. Sollten sie dort nicht sein, findet man sie auch auf der großen Wiese vor der Messe, gleich hinter dem Ostragehege. Winken nicht vergessen!

Adresse Start der Ballons: Königsufer, 01097 Dresden-Neustadt, unterhalb des Finanzministeriums // ÖPNV Straßenbahn 3, 7, 8, 9, Haltestelle Carolaplatz // Öffnungszeiten zuschauen kostenlos, mitfahren ab 150 Euro pro Person; Buchung online auf www.ballon-dresden.de oder www.ballonfahrt-sachsen.de // ab 3 Jahre, mitfahren ab 10 Jahre

28_DAS »EL MERCADITO«

Piñatas wie in Lateinamerika

Die Äußere Neustadt ist ein echtes Multikulti-Viertel. Maria Kordt, in den 1980ern aus Nicaragua eingewandert, hat sich am Rand des Alaunparks einen Traum erfüllt. Ihr kleiner Laden ist mit Kunsthandwerk, Tortillas und lebensgroßen Pappmaschee-Lamas vollgestopft. An der Decke baumeln Piñatas in den abgedrehtesten Formen.

Die Hohlkörper sind eine lateinamerikanische Tradition. Zu Kindergeburtstagen und zur Weihnachtszeit werden sie mit Süßigkeiten gefüllt und möglichst hoch an die Decke gehängt. Die Kinder schlagen abwechselnd mit verbundenen Augen mit einem Stock auf sie ein, während die anderen das Piñata-Lied singen. Platzt die Piñata, sammeln alle Kinder so viel Süßkram auf, wie sie können.

Marias Piñatas sind Handarbeit: Ein Luftballon wird mit Pappkartons, Draht und Papier in die gewünschte Form gebracht. Maria macht das schon seit ihrer Kindheit – in Nicaragua ist Piñata-Machen so normal wie bei uns Ostereier-Bemalen. Die klassische Kugelform mit sieben Spitzen ist nur eine traditionelle Anregung. Deutsche Kunden haben oft ausgefallenere Wünsche, erzählt sie. In ihrem Geschäft hängen Herzen, Autos, ein riesiges Krokodil, ein noch größerer Kolibri und ein sehr lustig dreinschauender Hahn. Und die Kunden nehmen sie mit nach Hause und zerschlagen sie dann?! Maria zuckt die Schultern: Das ist eben Tradition. Den festlich geschmückten Weihnachtsbaum entsorgen die Deutschen ja auch im neuen Jahr, ohne mit der Wimper zu zucken.

TIPP: Noch nicht genug vom lateinamerikanischen Feeling? Dann ab ins »Nibs Cacao« gleich um die Ecke auf eine »Chocolate« mit leckeren »Churros«!

Adresse Bischofsweg 21, 01099 Dresden-Neustadt, @ElMercaditoDresden // ÖPNV Straßenbahn 13, Haltestelle Alaunplatz, circa 5 Minuten Fußweg // Öffnungszeiten Di 11–18.30 Uhr, Mi, Fr 11–19 Uhr, Do 11–17.30 Uhr, Sa 11.30–14.30 Uhr // ab 2 Jahre

29_DAS ERLEBNISLAND MATHEMATIK

Wo Mathe Spaß macht

Die Technischen Sammlungen in Dresden-Striesen sind für so viele Familien ein Geheimtipp, dass es hier an Wochenenden und Ferientagen ordentlich voll ist.

Der Dauerbrenner für Kinder befindet sich in der vierten Etage der ehemaligen Kamerafabrik: Hier sind in zwei großen Bereichen das »Erlebnisland Mathematik« und der Ausstellungsbereich »Epsilon« für die ganz Kleinen untergebracht. Hierher kommen auch Kinder, die ansonsten weder an Museen noch an Mathematik sehr interessiert sind, immer wieder gern.

Allerdings: Das »Erlebnisland Mathematik« ist eigentlich gar kein Kindermuseum. Man kann zwar fast alles anfassen und ausprobieren, aber das Museum ist weder ein Spielplatz, noch sind die Exponate selbsterklärend. Es wurde 2008 von der TU Dresden erdacht. Über 100 Experimente und Aufgaben sollen mathematische und physikalische Phänomene und Gesetze anschaulich erfahrbar machen. Die Objekte reichen von Spiegeln und Hohlkörpern über computergestützte Malstationen bis hin zum begehbaren Tonkreisel.

Kinder und Eltern können viel lernen, wenn sie sich auf einen einzelnen Bereich konzentrieren und die Hilfe der sachkundigen Erklärer in Anspruch nehmen. So ein Aha-Erlebnis ist auch im hohen Alter von 40 Jahren noch schön!

TIPP: Anders spannend ist die Feuer-Ausstellung im Kellergeschoss. Bei angemeldeten Kindergeburtstagen wird hier richtig echt gezündelt!

Adresse Junghansstraße 1–3, 01277 Dresden-Striesen, www.tsd.de // **ÖPNV** Straßenbahn 4, 10, Bus 61, Haltestelle Pohlandplatz // **Öffnungszeiten** Di–Fr 9–17 Uhr, Sa, So, Feiertage 10–18 Uhr; Eintritt: Erwachsene 5 Euro, Kinder ab 6 Jahren 4 Euro, Familienkarte 12 Euro, 7 Euro für Single-Eltern (Tickets gelten auch für alle anderen Ausstellungen im Gebäude), jeden Fr ab 12 Uhr freier Eintritt // ab 3 Jahre

30_DAS »ESELNEST«

Eselstreicheln an der Elbe

Was ist denn das für ein Spielplatz? Eltern, die noch nie hier waren, schauen in der Regel erst einmal skeptisch auf das bunte Treiben auf dem Gelände am Elbufer. Unübersehbar ragt in der Mitte ein riesiges, aus langen Stangen gezimmertes Kletter- und Schaukelgerüst aus dem Sandkasten in die Höhe, das nicht eben aussieht, als würde es dem TÜV gefallen. Zur Seite stehen ihm ein kleines Zirkuszelt und einige verlotterte Bauwagen, in denen man Kaffee und belegte Brote kaufen kann. Es ist aber auch vollkommen in Ordnung, sich mit Mitgebrachtem zu verpflegen.

Ringsherum wuselt es: Kinder jeder Größe backen Sandkuchen in bunt zusammengewürfeltem Emaillegeschirr, reiten hölzerne Pferde, halten Stöcke mit aufgespießten Würstchen in ein Feuer neben einem Planwagen, füttern (unter Anleitung) die Kaninchen und Meerschweinchen in den begehbaren Ställen, schwingen an Seilen von selbst gebauten Schaukelbäumen oder matschen im nassen Sand unter einer uralten Pumpe.

Wer mit sauberen Füßen wieder nach Hause geht, ist selbst schuld. Wahrscheinlicher kommt ihr erst mit der Abenddämmerung aus dem »Eselnest« weg, nachdem die namensgebenden kuscheligen Esel mehrfach gestreichelt, gefüttert und geritten wurden. Veteran Charly, Jungspund Viola und ihre vier Kollegen sind an den Umgang mit Kindern gewöhnt und lassen sich gern von ihren Fans umsorgen.

Adresse Eisenberger Straße 2a, 01127 Dresden-Pieschen, www.eselnest.de // ÖPNV Straßenbahn 4, Haltestelle Alexander-Puschkin-Platz, oder über den Elberadweg // Öffnungszeiten Di–Sa 13–18 Uhr, in den Ferien Mo–Fr 11–18 Uhr, Di, Do und Fr jeweils um 15 Uhr Angebote der Mitarbeiter wie Backen im Erdofen, Töpfern oder Eselpflegen, Kosten: 3 Euro pro Kind // 1–12 Jahre

TIPP: Wenn das »Eselnest« um 18 Uhr seine Tore schließt, was im Sommer natürlich viel zu früh ist, nimmt man einfach seine Siebensachen und zieht ein Stück weiter ans Ufer der Elbe, die nur wenige Meter davor vorbeifließt.

31_DER »FÄHRGARTEN«

Piraten spielen

Zu den schönsten Orten in Dresden gehören die breiten, unverbauten Elbwiesen zwischen Augustusbrücke und Waldschlösschenbrücke. Ein einziger Biergarten in Dresden nutzt den wunderschönen Blick auf die Elbwiesen aus. Der »Fährgarten Johannstadt« liegt auf der Altstädter Seite. Um aus der Neustadt hinzukommen, nimmt man am besten die Fähre. Rund ums Jahr bringt die »Johanna« alle 10 Minuten 20 Fußgänger und Radfahrer hinüber. Die Abkürzung bietet gleich noch einen romantischen Blick auf das Dresdner Panorama.

Auf der anderen Seite des Flusses wartet ein Bier im Schatten großer Kastanien und Linden auf Mama und Papa. Auf die Kids wartet noch etwas viel Besseres: Nur etwa 100 Meter weiter liegt der zum »Fährgarten« gehörende Piratenspielplatz mit einem in der Wiese »versunkenen« Wrack eines Schaufelraddampfers, dessen Deck mit Signalglocke sich hervorragend entern und über Kletterbalken und durch Tunnel erobern lässt. Drum herum bieten die breiten Wiesen zu beiden Seiten des Elberadwegs reichlich Platz zum Rennen und Toben. Im Herbst lockt die Streuobstwiese direkt hinter dem Biergarten mit reifen Äpfeln, und der Wind lässt dann zahlreiche Drachen tanzen.

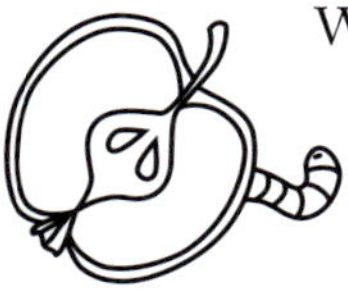

Adresse Käthe-Kollwitz-Ufer 23b, 01307 Dresden-Johannstadt, www.faehrgarten.de // ÖPNV Straßenbahn 11, Haltestelle Diakonissenkrankenhaus, von dort Fährstelle Johannstadt für Überfahrt mit der Fähre, Bus 62, Haltestelle Gutenbergstraße, circa 600 Meter zu Fuß über die Elbwiesen // Öffnungszeiten »Fährgarten« im Sommer täglich 10–23 Uhr, Spielplatz immer zugänglich; Tickets für Fährfahrt: Erwachsene 1,50 Euro, 1 Euro pro Kind und/oder Fahrrad, Fahrzeiten 6.30–23 Uhr, Wochenende ab 9.30 Uhr // 3–12 Jahre

TIPP: Der Spielplatz ist weg? Keine Sorge: Steigt die Elbe auf über 5,50 Meter, wird er jedes Mal von der Stadt abgebaut, nachdem ihn das Jahrhunderthochwasser 2002 komplett zerstört hatte.

32_DIE FESTUNG

Das verborgene Dresden

Unter der Brühlschen Terrasse liegt ein Gewirr von dunklen Gängen. Scheinbar tief unter der Erde, in Wirklichkeit im »Erdgeschoss« auf Elbniveau, wurden hier die Überreste des alten Dresden im Laufe der Jahre überbaut und vergessen.

Mitte des 16. Jahrhunderts war die Festung auf dem neuesten Stand der Technik. Ihre Wälle reichten um die gesamte Stadt, aus pfeilförmigen Bastionen konnte man in jede Richtung schießen. Nach dem Sieg über Napoleon wurden die Verteidigungsmauern um Dresden abgetragen. Nur ein Wehrwall blieb stehen – als Verteidigung gegen den letzten Feind, das Hochwasser.

Graf Brühl schüttete die Gewölbe zu und machte aus der Wehranlage eine Terrasse. Erst nach der Wende grub man die Überreste der Festungsanlagen wieder aus, die perfekt erhalten waren. In den Geschützhöfen, den Wachstuben der Soldaten und den Wehrgängen kann man jedes Detail bis hin zur Wassertoilette sehen, auch das letzte Stadttor mitsamt Brücke ist noch da. Besonders spannend: die Hochwassermarken der letzten 450 Jahre. Ende 2019 öffneten die »Kasematten« der Festung Dresden ihre Pforten unter dem neuen Namen »Festung Experience«.

Durch die finsteren Gänge zu laufen und sich vorzustellen, wie der Alltag der Soldaten aussah oder wie bedrohlich ein Kanonengefecht sich anfühlte, finden alle Kinder spannend. Das multimediale »Festung Experience« macht das Erlebnis jetzt noch ein ganzes Stück besser.

TIPP: Einen Überblick über den Verlauf der alten Festungsmauer gibt das Planetendenkmal auf der Brühlschen Terrasse, das die Namen aller Bastionen zeigt.

Adresse Georg-Treu-Platz 1, 01067 Dresden-Innere Altstadt, www.festung-dresden.de // **ÖPNV** Straßenbahn 3, 7, Haltestelle Synagoge, Straßenbahn 1, 2, 4, Haltestelle Altmarkt und circa 5 Minuten Fußweg // **Öffnungszeiten** täglich 10–18 Uhr; Tickets: Erwachsene 10 Euro, Kinder 6–11 Jahre 1 Euro, ab 12 Jahre 7,50 Euro // ab 5 Jahre, empfohlen ab 12 Jahre

33_DIE FEUERSTELLE IN PIESCHEN

Stilvoll feuern

Feuer machen und grillen gehört zum Sommer dazu. In der Stadt ist es aber fast immer verboten. Nun fließt in Dresden ja die Elbe – warum sollte man nicht wenigstens an deren Ufern ein Feuerchen anzünden dürfen?

Darf man, sagt die Stadt. Und zwar an genau fünf Stellen – nach Anmeldung und Zahlung einer Gebühr. Spätestens einen Tag vorher muss die Anmeldung online erfolgt sein, mit dem ausgedruckten Bescheid geht man dann zur Stadtkasse oder in sein Bürgerbüro und bezahlt die Gebühr. In bar. Digitale Revolution? Nicht in Dresden.

Der Lohn für den Behördenmarathon ist jedoch ein hochromantischer Abend mit loderndem Feuer vor Fluss-Panorama. Die schönste Stelle dafür ist das Elbufer in Pieschen: Hier genießen Romantiker ihr legales Lagerfeuer mit einem phantastischen Stadtblick.

Am Ufer toben die Kinder, bimmelnd ziehen Radler vorbei, von der Flussseite winken die feuchtfröhlichen Besatzungen der Party-Flöße, und die Ruderer des TSV Rotation ziehen auf den letzten Metern vor ihrem Anlegesteg am Pieschener Hafen noch mal richtig durch. Auf der anderen Elbseite, wo doch die wuselige Altstadt liegt, sieht man nur Grün (die hohen Linden der Pieschener Allee verdecken die Sportanlagen im Ostragehege und den Alberthafen). Eine Brücke ist weit und breit nicht zu sehen, die Fähre wurde 1992 eingestellt. Mitten in Pieschen, einem der am dichtesten bevölkerten Stadtteile Dresdens, hat man wirklich seine Ruhe.

Adresse Uferbereich unterhalb der Eisenberger Straße (am Eselnest), markiert mit einigen Feldsteinen und einem Schild, 01127 Dresden-Pieschen // **ÖPNV** Straßenbahn 4, Haltestelle Alexander-Puschkin-Platz, oder über den Elberadweg // **Öffnungszeiten** Kosten für Lagerfeuer an einer der fünf Feuerstellen: 10 Euro // ab 1 Jahr

TIPP: Auch fürs Grillen gibt es zwölf vorgesehene Stellen in Dresden, zum Glück ohne Anmeldung oder Gebühren. Verzeichnet sind sie im Themenstadtplan auf www.dresden.de.

34_DER FICHTETURM

Rapunzel, lass dein Haar herunter!

Rapunzel mit ihren langen Haaren ist für viele Mädchen ein leuchtendes Vorbild. Üben können die jungen Damen ihren zukünftigen Beruf auf dem Fichteturm, der seit 1896 über den Baumwipfeln des Fichteparks thront. Auf halber Höhe des 30 Meter hohen Sandsteingemäuers wartet ein kleiner Balkon, von dem aus man perfekt den goldenen Zopf herablassen kann.

Ursprünglich trug der Turm, wie so viele andere in Deutschland, den Namen des Reichskanzlers Bismarck. Er wurde auch zu dessen Ehren errichtet – finanziert über private Spenden der Anwohner am 80. Geburtstag des beliebten Reichsgründers. Im Zweiten Weltkrieg diente der Aussichtsturm als Flugbeobachtungsposten, eine Sirene auf seiner Plattform warnte die Dresdner vor Kampffliegern. Zwar wurde der Bismarckturm nie von Bomben getroffen, trotzdem fiel er in Ungnade. Erst verlor er seinen Namen und wurde zu Ehren des politisch unverdächtigen Dichters in Fichteturm umgetauft; dann entschied die DDR-Führung, er sei kein Kulturdenkmal, und ließ ihn verfallen.

Erst nach der Wende wurde der Fichteturm saniert und der Park wieder so hergerichtet, wie er 1890 angelegt worden war. Nur die historische »Parkschänke«, 1945 zerbombt, fehlt. An ihrer Stelle liegt heute ein kleiner Spielplatz.

Seit 1998 kann man den Rundblick vom Fichteturm über Dresden und das Umland wieder in Frieden genießen. Über 183 Wendeltreppenstufen erreicht man die Aussichtsplattform. Oben hilft eine Orientierungstafel beim Einordnen der vielen Kirchtürme und Berggipfel.

Adresse Westendring, 01187 Dresden-Plauen // **ÖPNV** Straßenbahn 3, Haltestelle Kotteweg // **Öffnungszeiten** Anfang März–Anfang Jan. Do–So 10–18 Uhr; Eintritt: 50 Cent; Fernglas vom Turmwärter ausleihbar // ab 5 Jahre

TIPP: Ein kleines Stück weiter in Richtung Stadt kann der (niedrigere) Aussichtsturm am Hohen Stein bestiegen werden, er bietet ebenfalls einen weiten Blick über Dresdens Süden.

35_DIE FILMNÄCHTE AM ELBUFER

Panorama-Kino

Am schönsten ist der Blick auf das Ensemble aus Brühlscher Terrasse, Frauenkirche und Hofkirche vom gegenüberliegenden Elbufer. Nachts erstrahlt die »Skyline«, davor glitzert der Fluss.

Jeden Sommer kann man diesen tollen Anblick mit einem Freiluftkinobesuch verbinden. Tausende Dresdner und Gäste kommen jedes Jahr zu den Filmnächten am Elbufer, die zu einer festen Institution im Dresdner Sommerkulturkalender geworden und mit jährlich über 200.000 Besuchern Deutschlands größtes Open-Air-Kino sind.

Gezeigt werden Deutschland-Premieren und aktuelle Blockbuster, DDR-Klassiker und Evergreens wie »Frühstück bei Tiffany«. Am besten sitzt man im überdachten Kinogarten über den Freitreppen vor dem Finanzministerium. Stellt sich dann zu einem Zusammenschnitt berühmter Filmszenen die Leinwand langsam senkrecht und verdeckt die Altstadt-Kulisse, bekommen auch Stammgäste jedes Mal eine Gänsehaut.

Neben den Kinofilmen gehören Großkonzerte zum festen Programm. Am bekanntesten ist die KAISERMANIA, bei der Schlagerstar Roland Kaiser vor einem tobenden Publikum auftritt. Aber auch R.E.M. oder Sting waren schon zu Gast. Wer kein Ticket bekommen hat, setzt sich nebenan auf die Elbwiesen und hört mit. Achtung: Die Abende am Elbufer sind überraschend frisch. Eine warme Jacke, ein Sitzkissen oder eine Kuscheldecke machen sich immer gut.

TIPP: Wesentlich gemütlicher (und günstiger) ist das Open-Air-Kino am Weißen Hirsch, wo in Kooperation mit dem Filmtheater Schauburg im Sommer zwölf Filme für Jung und Alt gezeigt werden.

Adresse Königsufer, 01097 Dresden-Neustadt, unterhalb des Kultusministeriums, www.dresden.filmnaechte.de // ÖPNV Straßenbahn 3, 7, 8, Haltestelle Carolaplatz, Straßenbahn 4, 9, Haltestelle Neustädter Markt; 200 Fahrradparkplätze direkt am Eingang unter der Carolabrücke // Öffnungszeiten Ende Juni – Ende Aug., Filmstart 21.30 beziehungsweise (im Aug.) 21 Uhr, Familienkino-Filme 17 Uhr; Tickets: Erwachsene 9 Euro, Kinder bis 12 Jahre 7 Euro, etwas günstiger im Vorverkauf, am Kinotag oder beim Mitternachtskino, etwas teurer bei Filmpremieren und Sonderveranstaltungen; keine Platzkarten // ab 6 Jahre

36_DIE FLUTRINNE

Geheimtipp am alten Elbarm

Die Flutrinne in Übigau besuchen nur wenige Dresdner. Der alte Elbarm führt nur Wasser, wenn der Pegel des Flusses über 5,50 Meter steigt. Ansonsten ist die Flutrinne ein idyllisches Fleckchen Natur.

Ihr Hochwasserschutz-Talent stellte sie 1920 unter Beweis, als die Elbe auf über 7,70 Meter stieg. Sie bekam danach noch Unterstützung durch eine zweite Flutrinne im Ostragehege. Beim Jahrhunderthochwasser von 2002, als das Wasser über 9,40 Meter stieg, genügten beide nicht mehr: Der Stadtteil Übigau, der sich in eine Biegung der Elbe schmiegt, wurde erst zur Insel und dann überschwemmt.

Mit Kindern kann man auf den naturbelassenen Wiesen herrlich radeln, im Gras liegen oder den Graffitikünstlern unter den Brückenbögen der Washingtonstraße zuschauen. Vom alten Dorfkern Übigau kommt man unter der Autobahn hindurch bis nach Altkaditz.

Am östlichen Rand der Flutrinne verbirgt sich ein supergeiler Spielplatz: Gleich hinter der schicken Wohnzeile an der Sternstraße steht ein doppelter Kletterturm mit einer wahnsinnig langen und steilen Rutsche, die eine echte Mutprobe ist. Die Bäume rings um den Spielplatz sind so hoch, dass sie das Monster von der Straße aus komplett verdecken! So ist dieser Spielplatz ein echter Geheimtipp.

TIPP: Fast genauso urig wie in der Flutrinne fühlt es sich im Übigauer Dorfkern an, am östlichen Ende der Flutrinne am Elbufer. Hier kann man im Hofladen per Kasse des Vertrauens frisches Gemüse und Blumen mitnehmen, frei laufende Katzen streicheln und sich für eine Weile gar nicht wie in einer Großstadt fühlen.

Adresse bequemer Zugang zur Flutrinne von der Böcklinstraße, 01139 Dresden-Übigau // ÖPNV Straßenbahn 9, 13, Bus 79, Haltestelle An der Flutrinne, oder Bus 70, 80, Haltestelle Gewerbegebiet Kaditz; steile Treppen für Fußgänger an den Brücken Sternstraße und Washingtonstraße, Spielplatz neben dem letzten Haus An der Flutrinne, zu erreichen über Fußgängerweg (von der Sternstraße hinter die Häuserzeile) // ab 4 Jahre

37_DER FORSTBOTANISCHE GARTEN THARANDT

Indianersommer bei Dresden

Wie kommt man von Tharandt zu Fuß nach Nordamerika? In wenigen Minuten! Der Forstbotanische Garten, der sich im Schatten der Burgruine über der Weißeritz erstreckt, bietet genug Eindrücke für einen tagesfüllenden Ausflug.

Nachdem man durch das Holzgatter eingetreten ist, geht es steil bergauf. Das bleibt so, bis man den Zeisigstein erklommen hat. Zwischendurch entdeckt man so viele Bäume mit seltsamen Namen, liest so viele Informationstafeln und stromert durch so viele Gewächshäuser, dass man das ganz vergessen hat – bis man auf der Spitze des Kienbergs plötzlich hoch über Tharandt steht.

Fast 2.000 Arten wachsen im Forstbotanischen Garten, der als Arboretum des Freistaats Sachsen Teil der Fakultät Umweltwissenschaften der TU Dresden ist. Angelegt wurde er 1811 von Heinrich Cotta, dem Erfinder der nachhaltigen Forstwirtschaft. Im westlichen Teil sind ganze Ökosysteme nachgebildet, an denen gezeigt wird, wie die Pflanzen und Tiere zusammenleben. Die Zeisiggrundbrücke führt nach Nordamerika – hier spaziert man von den Seen der Great Lakes durch Hickory-Eichenwälder in die Appalachen. Nachdem man unter (noch nicht ganz so großen) Mammutbäumen gewandelt ist, wartet ein waschechter Totempfahl neben einem Aussichtsturm, der zeigt: Man ist doch nicht in Nordamerika, sondern in Mischwäldern Sachsens.

TIPP: Auch der »normale« Botanische Garten, der im Großen Garten neben der Gläsernen Manufaktur liegt, wird von der TU Dresden geführt. Die Schaugewächshäuser und Tropenhäuser machen ihn zu einem Ganzjahrestipp.

Adresse Am Forstgarten 1, 01737 Tharandt, www.info.forstpark.de // **ÖPNV** S-Bahn S 3 bis Bahnhof Tharandt (circa 15 Minuten vom Dresdner Hauptbahnhof), ausgeschilderter Fußweg zum Haupteingang, oder Bus 345 vom Bahnhof Tharandt bis Haltestelle Zeisigweg // **Anfahrt** von Dresden über Freital nach Tharandt, Parkplatz am Markt; zum westlichen Eingang am Zeisigweg weiter über Freiberger Straße Richtung Grillenburg und Abzweig zum Parkplatz nehmen // **Öffnungszeiten** 1. April – 31. Okt. täglich 8 – 17 Uhr, Museum im Schweizerhaus: Mi – Fr 11.30 – 14 Uhr, Sa, So, Feiertage 11 – 15.30 Uhr; Eintritt frei, Spenden erbeten; Dauer: Nordamerika-Rundweg circa 2 Stunden, kurzer Rundweg durch den östlichen Teil (nicht buggytauglich!) 1 Stunde // ab 2 Jahre

38_DIE FRAUENKIRCHE

Rauf auf die Kuppel

Dieses Dresdner Gebäude kennt jeder: Die Frauenkirche, eines der größten Sandsteingebäude der Welt, wurde in der Bombennacht vom 13. Februar 1945 komplett zerstört und war dann mehr als 40 Jahre lang eine rußgeschwärzte Ruine. Ab 1993 verwandelte sie sich Stein für Stein zurück in eines der beeindruckendsten Bauwerke Europas. Seit 2005 ragt ihr charakteristischer Turm, der wie eine Glocke gewölbt ist, wieder 91 Meter hoch über dem Neumarkt auf.

Auch Alteingesessene heben andächtig die Köpfe, wenn sie sich durch die Massen der Besucher schlängeln. Das gigantische Bauwerk, zusammengepuzzelt aus alten und neuen Sandsteinblöcken, ist einfach wunderschön. Noch schöner ist der Blick von ganz oben. Am Seiteneingang G gelangt man per Fahrstuhl die ersten 24 Meter hinauf und läuft dann nach einigen Treppen in einem langen, gewundenen Gang zweieinhalb Mal rund um das riesige Gewölbe der Kuppel. Sie sollte eigentlich aus Holz und Kupfer bestehen. George Bähr wählte den kostengünstigeren Stein, trotz Warnungen, die Kuppel würde niemals halten.

Nach einem kurzen finalen Aufstieg über eine Leiter ist eine kleine Plattform auf der 67 Meter hohen Kuppel erreicht. Von hier oben bietet sich ein phantastischer Rundumblick auf die historische Altstadt und die Innere Neustadt. Von oben sieht man dann erst, wie weit man heute durch die Stadt gelaufen ist!

TIPP: Unweit der Frauenkirche ragt in solidem Schwarz die Kreuzkirche auf. Ihr Turm ist sogar noch knapp einen Meter höher als die Frauenkirche, aber Besucher können ihn nur bis auf 54 Meter Höhe erklimmen.

Adresse Frauenkirche Dresden, Eingang G, Neumarkt, 01067 Dresden-Innere Altstadt // ÖPNV Straßenbahn 1, 2, 4, Haltestelle Altmarkt // Öffnungszeiten März–Okt. Mo–Sa 10–18 Uhr, So ab 12.30 Uhr, Nov.–Feb. Mo–Sa 10–16 Uhr, So ab 12.30 Uhr; Eintritt: Erwachsene 8 Euro, Kinder ab 6 Jahre 5 Euro, Familienkarte 20 Euro // ab 4 Jahre

39_ DAS »FRÄULEIN SUZA«

Der Kindermode-Geheimtipp

Es begann schon viel eher, aber 2009 hatte Susan Mikulla alias »Fräulein Suza« die Nase voll: Wieso gab es in Dresden für kleine Jungs nur Mode mit Superheldenmotiven oder in Dunkelbraungrau zu kaufen? Die Kommunikationswissenschaftlerin kratzte ihr Erspartes zusammen und eröffnete ihren eigenen Kindersachenladen im beschaulichen Stadtteil Striesen.

In Dresden ist das Angebot an Kindersachen schmal, abgesehen von H&M, Zara & Co. Sortimente abseits des Mainstreams sucht und findet man vorwiegend in der Äußeren Neustadt. Das Wagnis, »Fräulein Suza« auf der anderen Elbseite anzusiedeln, zahlte sich aber aus. Seit Jahren ist der Laden, dessen lindgrün-violette Farbgestaltung zur eigenen Marke wurde, ein Geheimtipp für Dresdner Eltern. Die Regale und Auslagetische in den kleinen Räumen bersten vor bunt gemusterten Babybodys, Ringelshirts und Rüschenröcken, quietschbunten Matschhosen und weichen Söckchen. Farbenfrohes Melamingeschirr türmt sich über hölzernen Schnullerketten und weichen Kuscheldecken. Vieles stammt von kleinen Firmen aus Dresden und Umgebung.

Die Kleider sind hauptsächlich von skandinavischen Marken, aber auch von kleinen Unternehmen aus den Niederlanden, Deutschland und Frankreich. Sie bieten Kindersachen an, die gleichzeitig hübsch und praktisch, kindgerecht geschnitten und nachhaltig sind.

Wer zwischen all den Klamotten den Überblick verliert, dem wird geholfen: Fräulein Suzas Jungs gehen inzwischen zur Schule, sodass die Mama meist selbst im Laden steht.

Adresse Niederwaldstraße 23, 01277 Dresden-Striesen, www.fraeuleinsuza-shop.de // ÖPNV Bus 61, Haltestelle Niederwaldstraße // Öffnungszeiten Mo–Fr 10–18 Uhr, Sa 11–15 Uhr // 0–14 Jahre

TIPP: Shoppen und Anprobieren kosten Kraft. Wie gut, dass zwei Ecken weiter das weltberühmte »Café Lösch« wartet, wo man hervorragendes Softeis und vielleicht noch bessere Torten bekommt – zu überraschend niedrigen Preisen. Nur im Januar muss man auf die Leckereien verzichten.

40_DER FÜRSTENZUG

Geschichte als Bilderbuch

Es ist das längste Porzellanbild der Welt: Auf 102 Metern schreiten die Herrscher Sachsens von rechts nach links – gefolgt von Wilhelm Walther, der das Bild auf 23.000 Fliesen aus feinem Meißner Porzellan erschaffen hat. Der Künstler brauchte vier Jahre, um es zu entwerfen, und weitere vier, um die Zeichnung in den Putz der Wand einzukratzen – wo sie schon bald nur noch schlecht zu erkennen war. Also wählte man die Fliesen-Variante; das Brennen und Bemalen der Porzellanfliesen dauerte noch einmal drei Jahre. 1907 war das Kunstwerk fertig. Der letzte sächsische König, Friedrich August III., hat es nicht mehr auf den Fürstenzug geschafft.

Unter den fast 100 Männern, die über die Rückwand des Stallhofs schreiten, sind 34 echte Herrscher. Sie bestimmten von 1127 bis 1873 über die Geschicke Sachsens und zeitweise Polens. Ihre Taten erkennt man vor allem in den frühen Jahren an den Beinamen, die ihnen verliehen wurden: Da läuft Friedrich der Streitbare vor Albrecht dem Beherzten. Und woher Friedrich der Gebissene seinen Namen wohl hatte?

Neben ihnen sind namenlose Soldaten und Handwerker zu sehen, Künstler und sogar einige Kinder. Ein kleines Mädchen ist die einzige weibliche Figur auf dem Fürstenzug.

Einen Unbekannten entdeckte man 2006 bei der 800-Jahr-Feier Dresdens, als der Fürstenzug als echte Prozession nachgestellt wurde. Da die Figuren teilweise hintereinander reiten, waren von ihm nur der Hut und die Fahne sichtbar gewesen.

TIPP: Was wohl hinter den Fenstern über dem Fürstenzug ist? Das müssen wir uns ab dem Frühjahr 2020 nicht mehr fragen. Dann kann man im Langen Gang des Residenzschlosses wieder die Ahnengalerie der Wettiner bewundern – und aus den Fenstern auf den Fürstenzug hinunterschauen.

Adresse Augustusstraße 1, 01067 Dresden-Innere Altstadt, direkt neben dem Georgentor // **ÖPNV** Straßenbahn 4, 8, 9, Haltestelle Theaterplatz // ab 3 Jahre

41_DAS GLOCKENSPIEL AM KÖNIGSUFER

Gut zuhören!

Viele Dresden-Besucher spazieren über die Augustusbrücke zum Goldenen Reiter, aber die meisten drehen danach um. So haben wir Dresdner die breite Elb-Promenade, das Königsufer und das Japanische Palais dahinter ganz für uns allein.

August der Starke kaufte das größte barocke Gebäude Dresdens 1717 für seine riesige Porzellansammlung. Seine Nachfolger überließen das Haus der Öffentlichkeit, die das Japanische Palais zum Museum für Völkerkunde und Naturgeschichte machte. Die perfekte Ergänzung zu dem protzigen Bau ist der lauschige Park dahinter. Im Palaisgarten treffen sich Freiluft-Yogis und Boule-Spieler. Der breite Rad- und Spazierweg daneben bietet Flanierenden, Inlineskatern und Kinder mit Laufrädern genug Platz, und zum Ausweichen gibt es ja noch das zehnmal breitere Elbufer.

Die Würfelbäume auf den alten Wallanlagen des Königsufers grüßen ihre Brüder auf der Brühlschen Terrasse, und unter dem breiten Dach des Glockenspielpavillons genießt man den berühmten Canaletto-Blick auf die Dresdner Altstadt.

Der Glockenspielpavillon ist im Vergleich zu seiner Umgebung quasi neu, er wurde erst 1936 erbaut. Ursprünglich diente der »Milchpavillon« als Verkaufsstelle für »Pfunds Molkerei«, vor der heute auf der Bautzner Straße täglich mehrere Reisebusse ausgekippt werden. Heute ertönt zu jeder Viertelstunde das melodisch-zarte Gebimmel der Bronzeglocken und setzt der idyllischen Atmosphäre am Königsufer das i-Tüpfelchen auf.

Adresse Königsufer, 01097 Dresden-Neustadt, Zugang zu Fuß vom Japanischen Palais oder von der Augustusbrücke (Treppenabgang) // **ÖPNV** Straßenbahn 9, Haltestelle Palaisplatz // **Öffnungszeiten** Spielzeiten: alle 15 Minuten // ab 1 Jahr

TIPP: Das berühmtere Pendant zum Bronze-Glockenspiel ist das Glockenspiel aus Porzellan, das im Dresdner Zwinger hängt. Welches der beiden läutet wohl schöner?

42_DER GOLDENE REITER

August auf großem Fuß

Nachdem »Altendresden« fast komplett abgebrannt war, ließ August der Starke das Viertel rund um die Königstraße im Barockstil neu erbauen. Die Stadt bedankte sich mit dem Goldenen Reiter, der seit 1736 auf dem Neustädter Markt steht. August gab das Standbild in Auftrag, als er bereits König von Polen war; deshalb blickt der Reiter nach Nordosten. Die Hauptstraße sollte eine breite Allee werden, auf der ihm sein Volk zujubeln konnte, wenn er aus Polen zurückkehrte. Die Kleidung im römischen Look zeigt: August wäre auch gern Kaiser geworden.

Wie prunkvoll er in seiner Phantasie-Rüstung, mit stark untertriebenem Leibesumfang, auf dem Lipizzaner-Hengst aussieht, konnte der Kurfürst nicht mehr persönlich sehen. Er starb drei Jahre vor der Enthüllung des Standbilds.

Was die wenigsten Erwachsenen bemerken, sind die Sandalen von August dem Starken: Die scheinen dem Sachsenkönig viel zu klein zu sein!? Die großen Zehen ragen ein gutes Stück über seine Schuhsohlen hinaus. Die Römersandalen waren wohl eher eine Phantasie des Bildhauers – im barocken Dresden trug man Schnallenschuhe mit hohen Absätzen. Auch die Herren!

Was August der Starke wirklich an den Füßen trug, kann man sich im Residenzschloss in den neu eröffneten Paraderäumen des Kurfürsten ansehen. Wie viel Gold war wohl nötig, um den überlebensgroßen Kurfürsten und sein Ross zum Glänzen zu bringen?

Adresse Neustädter Markt 14, 01097 Dresden-Neustadt, zwischen Augustusbrücke und Hauptstraße // ÖPNV Straßenbahn 9, Haltestelle Neustädter Markt // ab 3 Jahre

TIPP: Die Lösung des Rätsels? Sagen wir so: Im Eiscafé »Venezia« gleich neben dem Goldenen Reiter bekommt man mit zwei Eiskugeln das Gewicht des verwendeten Blattgolds zusammen.

43_DER HAARWEIDEN-STAUSEE

Magischer Waldsee

Die Dresdner Heide bietet eine Menge Wanderwege, viele sind familientauglich. Und das soll nicht heißen, dass man sie mit dem Kinderwagen entlangfahren kann, sondern dass sie spannend sind.

Einer dieser Wege ist die Wanderung zum Haarweiden-Stausee: Sie ist nicht allzu lang, führt über schmale Waldwege und endet an einem wunderschönen See. 1920 wurde der in die Prießnitz mündende Haarweidenbach angestaut, um einen Löschteich zu bilden.

Der Haarweiden-Stausee ist immer schön: Im Frühjahr tunkt man die Zehen hinein, im Sommer genügt er für ein schnelles Bad, im Herbst spielen Kinder Kiefernzapfen-Zielwerfen auf die kleine Insel, und im Winter ist er flach genug, um schnell zuzufrieren. Ein kleines Holzhäuschen dient Wanderern als Unterstand. Mit einem Tisch und Bänken bietet es Gelegenheit für ein Picknick oder eine Biwak-Übernachtung – dafür sollte man aber vor allem an Sommerwochenenden rechtzeitig da sein, der Stausee ist nämlich genau für solche Aktivitäten beliebt bei den Dresdnern.

Der Haarweiden-Stausee lässt sich gut in längere Wanderungen durch den Osten der Dresdner Heide einbauen. Auf dem kürzesten Weg erreicht man ihn vom Gasthof »Ullersdorfer Mühle« aus. Am Rand des Waldes überquert man die kleine Brücke über die Prießnitz und biegt direkt danach in den Wald ein. Schon nach etwa zwei Kilometern ist der Stausee erreicht. Aber Vorsicht: Erst kurz vor dem See gibt es Hinweisschilder!

TIPP: Die Hausfassade an der Ullersdorfer Mühle, die früher »Todtmühle« hieß, erzählt eine gruselige Geschichte, nach der Kinder vielleicht nicht mehr so gern in der Heide wandern wollen.

Adresse Start der Wanderung: entweder an der Ullersdorfer Mühle oder am Ullersdorfer Platz, 01324 Dresden-Bühlau; Länge: je nach Startpunkt 2,1–3 Kilometer einfache Strecke // **ÖPNV** Straßenbahn 11, Endhaltestelle Ullersdorfer Platz, weiter mit Bus 309 bis Haltestelle Ullersdorfer Mühle; Ullersdorfer Landstraße überqueren und vor der Bachbrücke rechts auf Zirkel einbiegen; nach 1,1 Kilometern leicht links halten, nach 400 Metern links auf den Weißiger Weg, kurz darauf rechts auf den Reichsapfelweg abbiegen, zweiter Abzweig rechts zum See // ab 3 Jahre

44_DER HECHT

Dresdens geheimes In-Viertel

Das Hechtviertel ist Wahlheimat vieler Dresdner Familien. Es heißt, das Viertel sei das geburtenstärkste der Stadt. Nachmittags auf dem großen Spielplatz an der St.-Pauli-Ruine, in der Warteschlange an der Eisbar »Tiki« oder beim jährlich stattfindenden Hechtfest glaubt man das sofort.

Zugegeben: Echte Sehenswürdigkeiten hat das Hechtviertel, bis auf die wunderbar sanierte Ruine der St.-Pauli-Kirche aus roten Backsteinen, nicht. Es ist auch noch nicht allzu alt. Bis vor 200 Jahren übten hier Soldaten das Kanonenschießen. Seinen Namen erhielt das Hechtviertel, weil dahinter das beliebte Gasthaus »Zum Blauen Hecht« lag. Aus dem Weg dorthin wurde die Hechtstraße, drum herum entstanden Ende des 19. Jahrhunderts Wohnungen für Arbeiter. Schnell war das Hechtviertel eines der am dichtesten bewohnten von Dresden.

Zu DDR-Zeiten teilte das Hechtviertel das Schicksal der Äußeren Neustadt und verfiel vor sich hin. Saniert wurde es danach zwar ebenso gründlich, aber der Szene-Geist schwappte trotzdem nicht recht über die Königsbrücker Straße hinüber. Viele Dresdner leben schon seit Generationen hier. Studenten und Künstler freuen sich über die bezahlbaren Mieten und sorgen für ein buntes Angebot an veganen Cafés und Restaurants. Wenn man durch das Straßenkarree zwischen Rudolf-Leonhard-Straße und Johann-Meyer-Straße spaziert, entdeckt man an vielen Ecken den Hecht: als Graffito am S-Bahnhof Bischofsplatz, auf dem Spielplatz an der Hechtstraße – und wo noch?

TIPP: Neben dem Kostümverleih an der Erlenstraße wartet ein echtes Urgestein des Viertels: Die orange getupfte »Schlecker-Katze« Klausi wurde früher von den Mitarbeiterinnen des Schlecker-Marktes an der Ecke gefüttert und wartet auch nach der Pleite eisern jeden Tag vor der Ladentür.

Adresse zwischen Fritz-Reuter-Straße, Dammweg, Stauffenbergallee und Hansastraße, 01097 Dresden-Neustadt // **ÖPNV** S-Bahn S 1, Haltestelle Bischofsplatz, Straßenbahn 7, 8, 13, Haltestellen Bischofsplatz, Bischofsweg oder Tannenstraße, Bus 64, Haltestelle Buchenstraße // **Öffnungszeiten** »Hechtfest« immer am letzten Augustwochenende // ab 4 Jahre

45_DER HELLER

Trümmerberge mit langer Geschichte

Zwischen den letzten Häusern der Albertstadt und den ersten Bäumen der Dresdner Heide liegt auf der Landkarte von Dresden ein gelber Fleck. Der Heller war immer schon eine Lücke in der Stadt. Hier hat nie jemand gewohnt, es gibt keine Straßen und kaum Wege.

Dabei hat die sandige Dünenlandschaft viel zu bieten. Etwa die Justizvollzugsanstalt: Wohliges Gruseln ist angesagt, wenn man am Knast-Zaun vorbeiradelt. Ob da gerade die Panzerknacker ausbrechen?

Die Fahrräder versinken im Sand, sobald man die schmalen, verzweigten Pfade verlässt. Viele seltene Tiere und Pflanzen haben den Heller jüngst zum Naturschutzgebiet gemacht. Mehr als 100 Jahre war hier militärisches Sperrgebiet. Nach dem sächsischen Heer kamen Wehrmacht und SS. Zuletzt führten die NVA und die Sowjetarmee Manöver durch. Von 1926 bis 1934 lag hier der erste Flughafen Dresdens. Zeppeline und Maschinen der Lufthansa flogen hier ab. Nach dem Zweiten Weltkrieg wurden auf dem Heller riesige Mengen Schutt abgeladen, die zu zwei Trümmerbergen anwuchsen. Vom »Hellerblick« genießt man ein phantastisches Panorama der Stadt – meist bei schneidendem Nordwind, der gute Bedingungen zum Drachensteigen bietet.

Inzwischen ist der Heller in einen tiefen Dornröschenschlaf gefallen. Mit dem Mountainbike hat man hier großen Spaß – beim Querfeldeinfahren, beim Überspringen sandiger Wegstücke oder bei waghalsigen Bremsmanövern im Sandboden.

Adresse zwischen Stauffenbergallee im Süden und Moritzburger Weg im Norden, 01099 Dresden-Hellerberge; Wanderung: circa 3,5 Kilometer vom Hellerblick im Süden zum Moritzburger Weg im Norden (Markierung grüner Kreis) // ÖPNV Start: Straßenbahn 7, Haltestelle Heeresbäckerei/Stadtarchiv, zu Fuß über Fabricestraße zum Hellerblick, Ziel: Straßenbahn 7, Haltestelle Moritzburger Weg // ab 5 Jahre

TIPP: Wo der Wanderweg über den Heller an einer Haltestelle der Straßenbahnlinie 7 endet, erinnert gleich hinter dem Haltestellenhäuschen am Moritzburger Weg ein verwittertes Steinkreuz an Jonas Daniel, der hier im Jahr 1402 erschlagen wurde, als er die Kinder seines Herrn, des Burggrafen von Dohna, verteidigte. Die beiden konnten zum Glück fliehen!

46_DER HIEFEL

Dresdens kinderfreundlichster Aussichtspunkt

Dresdens kinderfreundlichster Aussichtspunkt ist praktischerweise allgemein auch als der schönste anerkannt. Im Stadtteil Rockau liegt etwa 260 Meter über der Elbe der Hiefel. Wie ein Pult schieben sich hier die Felder des Schönfelder Hochlands über den Elbtalkessel, und wie eine Spitze ragt das Hochplateau des Hiefels daraus hervor. Das glitzernde Band der Elbe ist nur knapp einen Kilometer entfernt deutlich zu sehen.

Von ganz vorn wandert der Blick vom Großen Winterberg in der Sächsischen Schweiz über den Freitaler Windberg bis zum nahen Fernsehturm in Wachwitz. Was man wo sieht, kann man auf einer Orientierungstafel aus Metall genau nachschauen. Zu verdanken ist der schön gestaltete Aussichtspunkt mit zwei Bänken den Rockauer Anwohnern. Eine Familie hat sogar ein Stück ihres Grundstücks dafür gespendet.

Und warum ist der Hiefel so kinderfreundlich? Ganz einfach: Während die Eltern die Aussicht genießen, warten die Kinder geduldig auf dem Spielplatz. Der liegt nur wenige Meter hinter dem Aussichtspunkt und bietet alles, was das Kinderherz begehrt. Die Schaukeln, der Kletterturm und die anderen Geräte sind aus naturbelassenem Robinienholz. Als der Spielplatz neu war, konnte man auch von hier aus bequem den wundervollen Ausblick genießen. Inzwischen sind die ihn umgebenden Büsche und Sträucher so hoch gewachsen, dass man wirklich erst von ganz vorn etwas sehen kann. Arme Kinder!

TIPP: Auch am anderen Ende von Dresden kann man einen wunderbaren Panoramablick über die Elbe mit Spannung für die Kids kombinieren: Am Spitzhaus in Radebeul wartet hinter dem Ausblick eine Ruine auf Erkundung.

Adresse Rockauer Ring 35, 01328 Dresden-Rockau // **ÖPNV** Bus 63, Haltestelle Pillnitz/Leonardo-da-Vinci-Straße, von dort circa 3 Kilometer Wanderung durch den Keppgrund, Bus 63, Haltestelle Gustavheim, von dort circa 1,5 Kilometer Fußweg entlang der Straße // **Anfahrt** über Pillnitzer Landstraße, links abbiegen auf Staffelsteinstraße, gleich wieder rechts auf Eugen-Dieterich-Straße/Helfenberger Grund (eng und steil!), dann rechts auf Am Helfenberger Park/Rockauer Ring (Rundstraße); alternativ aus Dresden-Bühlau über Quohrener Straße/Gönnsdorfer Straße, rechts abbiegen auf Helfenberger Weg und vom Helfenberger Park weiter wie beschrieben // 3–10 Jahre

47_DER HOF DER TIERE

Giraffe im Hinterhof

Vor 20 Jahren begann ein Team aus Anwohnern und Künstlern, drei verfallene Hinterhöfe zu einem Vorzeigeprojekt zu entwickeln. Wer heute durch den Tordurchgang neben der »Schokoladenbar« in den Hof der Fabelwesen kommt oder von der anderen Seite neben der »Hopfenkult-Bierothek« in den Hof der Elemente tritt, der traut seinen Augen nicht.

Die kunterbunt-verrückten Kunsthofpassagen sind *das* Ziel für Touristen, die mehr als die barocke Altstadt sehen wollen. Was wohl die Anwohner davon halten, dass jeden Tag Menschen unter ihren Fenstern stehen und Fotos von den phantasievoll gestalteten Boutiquen und den noch phantasievolleren Wänden machen?

Das beliebteste Fotomotiv ist zweifellos das Regenwasserspiel im Hof der Elemente. Gerade bei Regen bieten die miteinander verbundenen Rohre und Trichter ein Schauspiel – regnet es gerade nicht, sorgt eine Pumpe für ausreichendes Tröpfeln.

Vom Hof der Elemente führen Querpassagen in den Hof der Tiere und weiter in den Hof der Metamorphosen. Im Schatten der Wände im Hof der Tiere, auf denen sich wildes Leben tummelt, sitzt man schön im renommierten »Tiki Neumann's Eiscafé«. Während die Eltern dort ihren Chai Latte genießen, kraxelt der Nachwuchs auf dem steinernen Brunnen herum, der ebenfalls ins Tier-Konzept passt.

TIPP: Wenn es im Hof der Tiere noch nicht genug zu klettern gab, wartet direkt um die Ecke auf der Louisenstraße der Spielplatz »Louisengrün«.

Adresse zwischen Görlitzer Straße 21/25 und Alaunstraße 68, 01099 Dresden-Neustadt, www.kunsthof-dresden.de // **ÖPNV** Straßenbahn 13, Haltestelle Görlitzer Straße/Nordbad // ab 3 Jahre

48_DIE HOFEWIESE

Dresdner Heide für Pferdenarren

Im dichten Wald der Dresdner Heide öffnet sich der Blick auf eine große Wiese – eine Pferdeweide, denn gleich nebenan liegt der Reiterhof Bosert.

Auf dem Landgut Hofewiese stehen neben den lebendigen noch zahlreiche geduldige Hoppepferdchen aus Holz bereit. Zusätzlich wartet ein Eimer voller Steckenpferde. Die können auf der großen, mit Obstbäumen bestandenen Wiese zugeritten werden.

Mama und Papa spülen derweil den Staub der Heide-Wanderung mit frisch gezapftem Bier herunter und freuen sich über die schön restaurierten Gebäude rund um den kleinen Biergarten. Bis vor wenigen Jahren war der alte Bauernhof noch total verwahrlost. Nach 20 Jahren Leerstand kaufte ihn ein bekannter Lokalpolitiker und verwandelte ihn in eine echte Idylle. Noch fehlen ein Abwasseranschluss und ein leistungsfähiger Stromanschluss. Dafür gibt es Fassbrause, Flammkuchen und andere Leckereien aus mobilen Imbisswagen.

Schon im 16. Jahrhundert schnitten die Bauern auf der Hofewiese Heu für das kurfürstliche Jagdrevier. Jeder Einwohner des angrenzenden Langebrück musste sich noch bis 1830 einen Tag im Jahr Zeit dafür nehmen – ohne Entlohnung, versteht sich. Der Wiesenvogt von König Anton, der hier die königlichen Pferde versorgte, schenkte Bier, Milch und Kaffee aus und bot frisch geschlachtetes Wild an. Seitdem war die Hofewiese eines der beliebtesten Ziele für Heide-Wanderer. Heute ist sie es wieder – ganz ohne schicken Spielplatz oder festes Dach.

Adresse Am Gänsefuß 55, 01465 Dresden-Langebrück (Sackgasse) // **ÖPNV** Bus 308, Haltestelle Bahnhof Langebrück, circa 2 Kilometer Fußweg, von Klotzsche durch die Heide circa 5 Kilometer // **Öffnungszeiten** 1. Aprilwochenende – 1. Januarwochenende Sa, So und an Feiertagen 11–19 Uhr, 30. April – 31. Okt. Di–Fr 11–19 Uhr, am Wochenende bis 20 Uhr // ab 2 Jahre

TIPP: Vom Kabinettsminister Graf Marcolini, der das erste feste Gebäude hier errichtete, stammen die 56 Sandsteinsäulen, die heute noch rund um die Wiese stehen. Man erkennt sie an der eingravierten Zahl 1804, den Initialen »CM« und den gekreuzten Kurschwertern.

49_DIE HOFKIRCHE

Das Herz von König August

Kirchen sind für Kinder ziemlich langweilig. Aber dass in der Hofkirche das Herz von August dem Starken zu finden ist, klingt dann doch spannend. Der Herrscher, dem Dresden seinen Weltruhm verdankt, ist nicht in seiner sächsischen Heimat begraben. Nachdem Friedrich August im Jahr 1733 gestorben war, wurde sein Leichnam nach Krakau gebracht und dort in der Wawel-Kathedrale beigesetzt. Immerhin war er ja König von Polen.

Kurfürst Augusts Sohn, Friedrich August II., ließ die Hofkirche 1739 errichten, 1751 war sie fertig. Er selbst ist hier begraben, neben 47 weiteren Wettinern – auch dem letzten sächsischen König, Friedrich August III. Das Herz von August, der gleichzeitig Kurfürst von Sachsen war, blieb auf seinen letzten Wunsch hin in Dresden. Hier ruht es in einer silbernen Kapsel in einer Mauernische der Stiftergruft, über den Sarkophagen seines Sohnes und seiner Schwiegertochter Maria Josepha. Das Herz von August dem Starken schlug halt immer für Sachsen, auch wenn er offiziell Pole war.

Die Stiftergruft ist für Gelegenheitsbesucher nicht zugänglich; man muss sich für eine Besichtigung anmelden.

Selbst wenn sich dazu keine Gelegenheit bietet, genügt diese Geschichte schon, um Kinder zu einem Rundgang durch das schlichte Kirchenschiff zu bewegen. Es sieht ganz anders aus als die barocke Frauenkirche. Stimmt doch mal darüber ab, wem welches Kirchen-Design besser gefällt!

TIPP: Außen sind die 74 Heiligenstatuen auf dem Dach das Wahrzeichen der Hofkirche. Wo sind wohl die vier Figuren, die Glaube, Liebe, Hoffnung und Gerechtigkeit darstellen sollen?

Adresse Schloßstraße 24, 01067 Dresden-Innere Altstadt, Eingang auf der Rückseite des Theaterplatzes // **ÖPNV** Straßenbahn 1, 2, 4, 6, 7, 12, Bus 62, 75, Haltestelle Postplatz // **Öffnungszeiten** außerhalb der Gottesdienste: Mo, Di 9–18 Uhr, Mi, Do 9–17 Uhr, Fr 13–17 Uhr, Sa 10–17 Uhr, So 12–17 Uhr; Eintritt frei; Führungen inklusive Gruft-Besuch Ende April–Ende Okt. Mo–Do 14 Uhr, Fr–So 13 Uhr, Dauer: circa 45 Minuten, für Einzelpersonen keine Voranmeldung nötig // ab 5 Jahre

50_DER HOFSTAAT ZU DELHI

Die Puppenstube des Kurfürsten

In der Schatzkammer von König August steht eine goldene Puppenstube mit über 5.000 Diamanten. Na, neugierig geworden?

Alle Kinder staunen über den »Hofstaat zu Delhi am Geburtstag des Großmoguls Aureng Zeb«. Der Ruhm des indischen Herrschers reichte im 16. Jahrhundert bis nach Europa. Für August den Starken war der Mogul ein großes Vorbild – so reich wollte er auch sein.

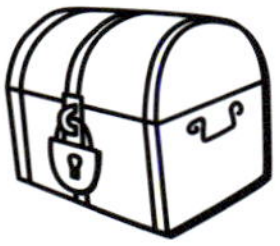

1708 kaufte er deshalb die Darstellung des Mogul-Geburtstags von seinem Hof-Goldschmied Johann Melchior Dinglinger für sagenhafte 60.000 Reichstaler (damit hätte man 1.000 Staatsbeamte ein Jahr lang bezahlen können!).

Dinglinger arbeitete sieben Jahre an der herrschaftlichen Puppenstube. Auch wenn er nicht alles richtig dargestellt hat: Was hat er da erschaffen! In dieser Vitrine entdeckt man immer neue Details. Viele der 137 goldenen Soldaten, Diener, Elefanten und Kamele sind beweglich und konnten wirklich zum Spielen benutzt werden.

Im Neuen Grünen Gewölbe sind noch viel mehr Schätze zu sehen: vom Kaffeeservice aus gefälschtem Porzellan, unter dem sich eine türkische Tänzerin verbirgt, bis zum Kirschkern mit den 185 eingravierten Gesichtern. Sogar ein echtes Einhorn-Horn! Kostenfreie Audioguides bieten viele Hintergrundinformationen zu den ausgestellten Schätzen. Kinder werden von August dem Starken persönlich begrüßt.

TIPP: Nachdem man stundenlang im schummerigen Licht filigrane Schätze bestaunt hat, sorgt ein Aufstieg auf den Hausmannsturm für das dringend nötige Auspowern. Der höchste Aussichtspunkt in Dresden ist von April bis Oktober geöffnet.

Adresse Taschenberg 2, 01067 Dresden-Altstadt, www.gruenes-gewoelbe.skd.museum, barrierefrei // **ÖPNV** Straßenbahn 1, 2, 4, 7, 11, 12, Bus 62, 75, Haltestelle Postplatz // **Öffnungszeiten** Mi–Mo 10–18 Uhr, Fr bis 20 Uhr, Eintritt: 12 Euro, freier Eintritt für alle Kinder bis 17 Jahre, am Geburtstag und mit dem Familienpass Dresden (nicht aber für das Historische Grüne Gewölbe!) // ab 4 Jahre

51_DAS JUGEND-ÖKO-HAUS

Wilde Natur im Großen Garten

Dresdens größter Park ist seit über 300 Jahren die grüne Lunge der Stadt. Schnurgerade ziehen sich die Sichtachsen von den Haupttoren zum barocken Palais am Teich; aus der Vogelperspektive zeigt sich die geometrisch perfekte Anlage der Flanierwege rund um die fein manikürten Bäume und Sträucher. Was hier früher für rauschende Feste stattgefunden haben müssen!

Direkt in der Mitte neben dem hoch aufragenden barocken Palais stößt man auf eine total verwilderte Ecke. Das Parkwärterhäuschen, früher das Wohnhaus des Königlichen Obergartendirektors, an der südlichen Seite des großen Platzes sieht von vorn schmuck saniert aus. Seine Rückseite ist jedoch mit Efeu und wildem Wein überwuchert, totes Holz stapelt sich in wilden Haufen daneben, und auf einem kleinen Tümpel huschen Wasserläufer hin und her. Daneben und dazwischen hocken kleine Bronzetiere auf Stelen, die von vielen neugierigen Kinderhänden glänzen: Einen Molch oder eine Kaulquappe haben heutige Kinder oft noch nie in natura gesehen.

Wer Zeit und Lust hat, kann bei den offenen Treffs der »Grashüpfer«, »Waldkäuze« oder »Parkforscher« den Park erkunden. Im ersten Stock wartet eine Terrarienausstellung, deren Insassen – von Zwerg-Bartagame bis Vogelspinne – von den Naturforschern gepflegt werden. Wer sich vorher anmeldet, kann Chamäleon Titus kennenlernen oder mit Waldgeist Knud den Großen Garten erforschen.

TIPP: Nach dem Naturerlebnis ist das »Sommercafé« auf der anderen Seite des Palaisteichs für Eltern und Kinder eine gute Anlaufstelle, auch im Herbst und Winter. Nur auf eine Toilette muss man hier verzichten.

Adresse Hauptallee 12, 01219 Dresden-Strehlen, im Großen Garten // **ÖPNV** Straßenbahn 9, 13, Bus 75, Haltestelle Querallee (für Parkeingang Tiergartenstraße), oder Straßenbahn 1, 2, Haltestelle Comeniusplatz (für Eingang Stübelallee) // **Öffnungszeiten** Garten immer, Terrarienausstellung: Mo–Mi 11–17 Uhr, Do, Fr 11–15 Uhr, das ganze Haus am 1. So im Monat 13–17 Uhr; Eintritt: Naturforschertreffs 2 Euro pro Termin oder 20 Euro pro Halbjahr // ab 4 Jahre

52_DAS KARL-MAY-MUSEUM

Indiaaaner!

Karl May war einer der fleißigsten Abenteuerroman-Schreiber der Geschichte. Dass das alles Lügengeschichten waren – geschenkt.

Seit 1895 haben sich in der »Villa Shatterhand«, dem letzten Wohnhaus des Schriftstellers in Radebeul, und der 30 Jahre später im Garten erbauten Blockhütte »Villa Bärenfett« viele Ausstellungsstücke angesammelt, zusammengetragen zuerst von Karl May selbst und später von seinen treuen Fans. Die haben aus der Gedenkstätte für einen Schriftsteller ein Museum der indigenen Völker Nordamerikas gemacht. Das finden auch Kinder spannend, die von Winnetou noch nie gehört haben.

Viele interaktive Angebote lassen die »Villa Bärenfett« von innen größer erscheinen als von außen. Gleich am Einlass bekommen Kinder ein Rätselblatt, das dafür sorgt, dass sie beide Ausstellungen wirklich gründlich anschauen. Der ausgestopfte Grizzly ist mindestens genauso interessant wie die Spiel- und Taststation, an der die täglichen Gepflogenheiten der Prärie-Indianer gezeigt werden: Wie rasiert man sich mit Hilfe von Muschelschalen?

Im Museumsgarten testet man die Goldwaschanlage und bewältigt die Challenges auf dem Indianer-Spielplatz. Dann bleibt kaum noch Zeit, die »Villa Shatterhand« anzuschauen. Unter der Wohnung des Schriftstellers lockt der Souvenirshop – wo es neben Winnetou- auch Yakari-Merchandise gibt. Alles in allem taugt das Karl-May-Museum immer wieder für einen Nachmittagsausflug, der am Ende viel spannender war als gedacht!

TIPP: Richtige Indianerfans müssen im Mai nach Radebeul kommen. Dann treffen sich beim Karl-May-Fest Gleichgesinnte aus aller Welt zum Cowboy-und-Indianer-Spielen im malerischen Lößnitzgrund!

Adresse Karl-May-Straße 5, 01445 Radebeul, www.karl-may-museum.de // ÖPNV Straßenbahn 4, Haltestelle Schildenstraße/Karl-May-Museum, S-Bahn S1, Haltestelle Radebeul Ost // Anfahrt aus Dresden-Trachau über Meißner Straße, steil links abbiegen auf Schildenstraße, rechts auf Karl-May-Straße (Parkplätze im nahen Wasapark-Einkaufszentrum) // Öffnungszeiten Di–So 9–18 Uhr, im Winter 10–17 Uhr; Achtung: Museum für Kinderwagen zu eng; Tickets: Erwachsene 9 Euro, Kinder (4–16 Jahre) 3 Euro // ab 4 Jahre

53_ DER KÄSTNER-KIEZ

Kinderliteratur zum Anfassen

Erich Kästners Bücher wurden millionenfach verlegt und in Hollywood verfilmt. Die Hauptrollen spielen Kinder – reiche wie Pünktchen alias Luise Pogge, arme wie Martin Thaler, pfiffige wie Emil und doppelte wie die beiden Lottchen.

Sein erstes Kinderbuch schrieb er, als er schon in Berlin lebte. Die Großstadt war Schauplatz seiner Abenteuergeschichte »Emil und die Detektive«. Kästner kam nie nach Dresden zurück; er lebte in Berlin und München und starb dort 1974. Trotzdem hält Dresden seinem berühmten Sohn die Treue. Jedes Jahr treffen sich 400 Schulkinder zur Kästner-Rallye, bei der sie wie Emil & Co. auf der Jagd nach einem Dieb durch die Straßen der Neustadt ziehen.

Das Viertel ist ein »Makromuseum« für Kästners Jugend. An seinem Rand steht ein »Mikromuseum«: Das Erich Kästner Museum in der Villa Augustin am Albertplatz, wo Kästners Onkel wohnte, bietet viel Lektüre über Leben und Werk Erich Kästners und einen Kästner-Rundgang durch das Viertel mit QR-Codes.

Am Hauseingang der Königsbrücker Straße 66 erinnert eine Tafel an den Geburtsort des Schriftstellers, im Blumenladen »Stamnitz« auf der Louisenstraße kaufte seine Mutter Ida Blumen für ihre Kundinnen. Weil die Äußere Neustadt im Krieg fast unzerstört blieb, sieht es hier fast noch so aus wie zu Kästners Lebzeiten. Seine Kindheitserinnerungen »Als ich ein kleiner Junge war« sind eine Zeitreise in die Vergangenheit dieses Stadtviertels. Wer also noch Lektüre zur Reisevorbereitung braucht: Kästner ist ein guter Tipp!

TIPP: Von der Eierschecke der Bäckerei »Rißmann« an der Königsbrücker Straße/Ecke Louisenstraße, die seit Kurzem »George« heißt, hat angeblich schon Erich Kästner geschwärmt.

Adresse Erich Kästner Museum: Antonstraße 1, 01097 Dresden-Neustadt, www.erich-kaestner-museum.de // **ÖPNV** Straßenbahn 3, 6, 7, 8, 11, Haltestelle Albertplatz, Rundgang zwischen Königsbrücker und Hauptstraße // **Öffnungszeiten** Museum: So–Mi und Fr 10–18 Uhr, Rundgang möglichst zwischen 11 und 18 Uhr (wegen der Öffnungszeiten einiger Läden); Eintritt: Erwachsene 5 Euro, Kinder ab 6 Jahre 3 Euro; persönliche Führung durch das Museum inklusive, Rundgang durchs Viertel kostenlos // ab 5 Jahre

54_DIE »KEXEREI«

Himmel für Krümelmonster

Kekse mag nicht nur das Krümelmonster, Kekse mögen wir alle! Entsprechend beliebt ist die kleine Schaubackstube in der Sporergasse. Die Schaufenster sind voller Abdrücke von neugierigen Kindernasen, denn hier gibt es genau das, was Kinderherzen begehren. In den Regalen der »KeXerei« stapeln sich über 100 verschiedene Kekssorten, in der Vitrine wartet verlockender Kalter Hund (ein sächsischer Kuchen aus Keksen, Kokosfett und viel Schokolade) neben verführerischen Keks-Pralinen, federleichten Baisers aus Eischnee, verrückten Keks-Pizzen und Keks-Torten. Für Hunde kann man sogar eine Auswahl an Hundekeksen kaufen!

Als Erstes zerren Kinder ihre Eltern in der »KeXerei« zu der Glaswand, hinter der ein Bäcker mit zünftiger weißer Haube unermüdlich aus einer Spritztüte Keksteig auf Backbleche drückt – was wird wohl heute gebacken?

Dann geht das große Betteln los: »Dürfen wir das hier mitnehmen? Und was ist denn das? Ob das schmeckt? Darf ich mal probieren?« Wenn es draußen kalt ist und regnet und so richtiges Keks-Wetter ist, sitzt man gemütlich an einem der Tische um die Ecke und wärmt sich die Hände an einer Tasse Kakao. Dazu gibt es natürlich – Kekse.

Wie viele begeisterte Kunden die »KeXerei« hat, zeigt die große Weltkarte an der Wand. Dort haben sich Gäste aus aller Herren Länder mit Pins verewigt. Sogar aus Neuseeland waren Keksliebhaber hier!

TIPP: Weitere »KeXereien« gibt es im Hauptbahnhof und im Elbepark. Wer es nicht persönlich in die »KeXerei« schafft, der kann auf der Website ein Keks-Bestellformular ausfüllen und sich die Kekse direkt nach Hause liefern lassen.

Adresse Sporergasse 5, 01067 Dresden-Innere Altstadt, www.kexerei.de // **ÖPNV** Straßenbahn 1, 2, 4, 7, 11, 12, Bus 62, 75, Haltestelle Postplatz // **Öffnungszeiten** täglich 9–20 Uhr // ab 2 Jahre

55_DAS KINDER-MUSEUM

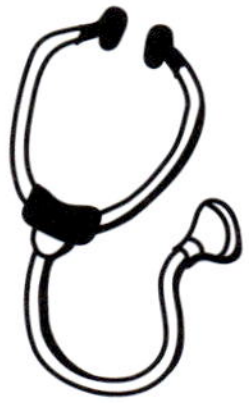

Alle fünf Sinne entdecken

Im Deutschen Hygiene-Museum verbringen viele Dresdner Kinder ihre Schlechtwettersonntage. Was gibt es dort in der Dauerausstellung nicht alles zu bestaunen: von der Gläsernen Frau über die Eiserne Lunge für Polio-Kranke bis hin zu den eklig-realistischen, aus Wachs nachgebildeten Modellen von Haut- und Geschlechtskrankheiten …

Mit der Dauerausstellung des preisgekrönten Museums am Großen Garten und den wechselnden Sonderausstellungen rund um das Thema »Mensch« sollen aber nicht nur Erwachsene, sondern bewusst auch Kinder ab etwa fünf Jahren angesprochen werden. Für sie wurde 2005 das »Dresdner Kinder-Museum: Welt der Sinne« entworfen.

In einem 500 Quadratmeter großen Ausstellungsbereich können die kleinsten Besucher alles anfassen, ausprobieren, anhören und beschnuppern – und so ihre fünf Sinne kennenlernen. Dafür wurden neue Exponate, Tastmodelle und Experimentierstationen entwickelt. Kichernd tappen sie durch das Spiegelkabinett oder mit wohligem Gruseln durch den stockfinsteren Tast-Tunnel, zerkringeln sich über optische Täuschungen oder den von oben erklingenden Pups oder kuscheln gemütlich mit Mama und Papa in den Wandsofas, wo man zum Ausruhen ein Märchen anhören kann. Übrigens nicht nur bei schlechtem Wetter.

Adresse Lingnerplatz 1, 01069 Dresden-Altstadt, www.dhmd.de // ÖPNV Straßenbahn 10, 13, Haltestelle Georg-Arnhold-Bad, Bus 75, Haltestelle Hans-Dankner-Straße // Öffnungszeiten Di–So, Feiertage 10–18 Uhr; Tickets: Erwachsene 9 Euro, Kinder bis 16 Jahre kostenfrei, Familienkarte 14 Euro // 5–12 Jahre

TIPP: Hat der Regen aufgehört, können ältere Kids ihre Energie im coolen Skate-Park hinter dem Museum loswerden. Auch reines Zuschauen lohnt sich hier!

56_ DER KINDER- UND JUGENDBAUERNHOF NICKERN

Tiere streicheln am Stadtrand

Mal die Hände in den Matsch stecken, auf einen Baum klettern, ein Huhn jagen, eine Tomate vom Strauch naschen – wo kann ein Stadtkind so etwas machen? Für eine Portion Landluft müssen Familien in Dresden gar nicht weit rausfahren. Im Stadtteil Nickern gibt es außer einem alten Schloss und einem neuen Einkaufszentrum hauptsächlich Obstbäume und Felder.

Seit fast 25 Jahren heißt der Kinder- und Jugendbauernhof Kinder und Eltern zwischen Pferdekoppel, Schweinestall und Ententeich willkommen. Für einige Angebote muss man sich anmelden – die »Hofkids« kochen zum Beispiel gemeinsam auf dem Hof oder spielen Theater. In der Schulzeit kommen Klassen her, um den Alltag auf einem Bauernhof kennenzulernen.

Für Gelegenheitsgäste bleibt genug zu tun: Während die Kleineren den riesigen Sandkasten durchwühlen und mittels Pumpe in eine Matschlandschaft verwandeln, im Hühnerstall nach Küken schauen oder über den Sinnespfad im Gemüsegarten balancieren, bezwingen die Größeren das hölzerne Klettergerüst und die Robinie, die darüber ihre Äste ausbreitet. Oder sie erkunden die vielen versteckten Winkel des Hofgeländes. Mal in den Schweinestall schnuppern, die Katzen streicheln oder ein Feuer machen – und vor allem frei herumstromern. Wenn man dann noch Heu für die Ziegen schaufeln oder die Kaninchen füttern darf, ist der »Landausflug« perfekt!

TIPP: Familien, die im Dresdner Norden wohnen, können einen kürzeren Weg nehmen: Im Stadtteil Weißig liegt die Kinder- und Jugendfarm »Spielwiese«, die ein ganz ähnliches Angebot macht.

Adresse Am Stausee 3, 01239 Dresden-Nickern, www.kinderundjugendbauernhof.de // **ÖPNV** Bus 66, Haltestelle Arno-Schellenberg-Straße, dann 650 Meter Fußweg // **Anfahrt** aus der Stadtmitte über Dohnaer Straße bis Prohlis, rechts abbiegen auf Fritz-Meinhardt-Straße, rechts abbiegen auf Zur Eiche, links auf Am Stausee, kleiner kostenfreier Parkplatz an der Weggabelung, letztes Wegstück zu Fuß // **Öffnungszeiten** Mi – Fr 13 – 18 Uhr, Sa, So 10 – 18 Uhr; unter der Woche wenig Betrieb, an Wochenenden ziemlich voll; Eintritt frei, Spenden willkommen // 3 – 12 Jahre

57_DAS KINO IN DER FABRIK

Kino (nicht nur) für Kinder

Seit 2006 werden in den alten Fabrikhallen an der Tharandter Straße, wo in DDR-Zeiten der VEB Kupplungs- und Triebwerkbau saß, Filme gezeigt. Damit ist das »KIF« nicht nur das jüngste Programmkino Dresdens, sondern auch das einzige im Dresdner Westen.

Das Programm im KIF ist ungewöhnlich, genau wie das Ambiente. Die Filme wechseln wöchentlich, sie sind immer hochwertig und häufig an Kinder und Jugendliche gerichtet. Wer in Dresden also mal keine Lust auf hochpreisiges 3-D-Actionkracherkino mit Dolby Surround hat, der sollte in Löbtau vorbeischauen. Die Kinderfilme laufen immer am Wochenende gegen 15 Uhr. Die Aufregung ist groß, wenn es durch den orange leuchtenden Gang zum großen Saal geht, der keine Ecken hat – er sieht aus wie eine Zeitmaschine oder ein Raumschiff.

Richtig laut wird es in den Herbstferien im KIF. Dann ist das kleine Kino Veranstaltungsstätte für das Kinderfilmfest Kinolino, und es werden alte, neue und preisgekrönte Kinderfilme am laufenden Band gespielt.

Auch an die Eltern wird im KIF gedacht: In einem wunderschön wiederhergerichteten, aber immer noch alte Fabrikluft atmenden Saal mit gemütlichen Ledersofas schauen erwachsene Kino-Fans schwarz-weiße Stummfilme, Bollywood-Schinken und sonntags den »Tatort«. Einmal im Monat gibt es ein Kino-Frühstück (»… bei KIFfany's«) und ein Kino-Quiz. Und wer auf Filmplakate steht, der kann hier bei den regelmäßigen Rumpelkammer-Versteigerungen ein Schnäppchen machen!

TIPP: Das beliebte Schnullerkino-Format für Baby-Eltern wird im KIF nicht angeboten; das gibt es im ebenfalls sehr guten »Programmkino Ost« in Striesen.

Adresse Tharandter Straße 33, 01159 Dresden-Löbtau, www.kif-dresden.de // **ÖPNV** Bus 63, Haltestelle Clara-Viebig-Straße, Straßenbahn 6, 7, 12, Haltestelle Tharandter Straße // **Öffnungszeiten** Programm: täglich 5–6 Filme ab circa 17 Uhr, am Wochenende Kinderfilme ab 15 Uhr, geöffnet 15 Minuten vor der ersten Vorstellung; Kartenreservierung telefonisch (Tel. 0351/4244860) oder online; nur Barzahlung möglich // ab 4 Jahre

58_DAS »KREATOUR«

Basteln, bis der Arzt kommt

Fast alle Kinder basteln gern. Und fast alle Eltern kennen das Problem: Das Kind hat eine Idee – allein, es fehlt das nötige Bastelzeug. Buntpapier, Leim und Schere können noch aufgetrieben werden, aber Glitzerpulver, Kindernähmaschine oder Förmchen für das Gießen von Seifenfiguren?

Zum Glück gibt es das »KreaTour«. Dessen Inhaberin Ramona Hoffiller hatte dasselbe Problem mit ihrer Tochter, deren Ideen immer neue Zutaten und Werkzeuge erforderten. In dem gemütlichen Laden am Weißen Hirsch kann man nun mit seiner Projektidee vorbeikommen, kurz fachsimpeln und dann loslegen. An den fünf Tischen ist genug Platz, auch wenn das Kunstwerk mal größer werden soll. Fachkundig beraten, entstehen Glasmosaike, bemalte Keramikteller oder Duftkerzen. Wer mehr Zeit mitbringt, kann auch ein Nähprojekt starten, töpfern oder an der Drechselbank Kunstwerke aus Holz erschaffen.

Zu klein zum Kreativsein ist niemand, findet Ramona. Selbst ein Baby-Patschehändchen macht sich super als Abdruck auf einem Erinnerungsteller.

Wie konzentriert die Atmosphäre im »KreaTour« ist! Da wird mit gerunzelten Stirnen gemalt, geklebt und gefädelt; kaum ein Kind quengelt oder lässt angefangene Arbeiten liegen. Gemeinsam mit den Kids basteln, das klappt in der betreuten Atmosphäre des »KreaTour« viel besser als zu Hause.

Adresse Plattleite 51, 01324 Dresden-Weißer Hirsch, www.kreatour-dresden.de // ÖPNV Straßenbahn 11, Haltestelle Plattleite // Öffnungszeiten Mi–Sa 14–19 Uhr; Eintritt frei, Bastelmaterialien je nach Projektidee circa 10 Euro, Kaffee und andere Getränke inklusive // ab 5 Jahre

TIPP: Ein ähnliches Konzept, aber abgespeckt auf das Bemalen von Keramik verfolgt das »Made by you«, das in der Äußeren Neustadt am Bischofsweg und in Striesen an der Schandauer Straße sitzt.

59_DIE »KUCHENGLOCKE«

Kinderfreundlich schlemmen in Bioqualität

In (oder vor) diesem Café sitzt man gern ein wenig länger: Die »Kuchenglocke« ist ein echter Wohlfühl-Ort. Die altehrwürdigen Räume mit den hohen Decken wirken, als wären sie direkt aus der Gründerzeit hergebeamt worden.

Die Eheleute und Konditormeister Martin und Stefanie Heller führen mit der erst 2015 eröffneten »Kuchenglocke« ein echtes Traditionsunternehmen fort: Martins Vater Thomas ist einer der ersten Bio-Konditoren Sachsens (das »Bucheckchen« in Leubnitz verkauft den ersten Dresdner Bio-Stollen), dessen Eltern hatten die Bäckerei 1964 gegründet.

Hinter der wunderschönen Ladentheke kann man Familie Heller in der offenen Konditorwerkstatt beim Kreieren ihrer leckeren Kuchen zuschauen. Nehmen wir ein Lakritz-Macaron oder eine Portion »Poppies« auf die Hand und gehen zum nächsten Spielplatz, oder bleiben wir hier und genießen den »Eisteller«? Spielen können die Kinder derweil in einem eigenen Raum, in entspanntem Abstand zu den Tischen.

Weil es so gemütlich ist, kommen viele Neustädter gleich morgens zum Frühstück her. Alles ist 100 Prozent bio und so regional wie möglich, selbst den Kaffee röstet Familie Heller selbst. Wochentags und samstags gibt es verschiedene Frühstücksangebote mit selbst gemachten Marmeladen, Gemüseaufstrichen und (auf Wunsch) glutenfreien Müslis. Und weil der Tag mit Kindern nicht immer nach Plan läuft, kann man das Frühstück bis 19 Uhr bestellen!

Adresse Pulsnitzer Straße 1, 01099 Dresden-Neustadt, www.kuchenglocke.de // ÖPNV Straßenbahn 11, Haltestelle Pulsnitzer Straße // Öffnungszeiten Di–So 8–19 Uhr // ab 1 Jahr

TIPP: Der nächste Spielplatz für kleinere Kinder ist gleich um die Ecke auf der Talstraße; Klettermäuse haben auf dem Spielplatz des Jugendtreffs Känguru e. V. auf der Böhmischen Straße den meisten Spaß.

60_DAS »KUDDEL-DADDELDU«

Zu Besuch beim sprechenden Baum

Ein Indoorspielplatz zum Abstellen der Kinder, während die Eltern im ElbePark shoppen? Das »Kuddeldaddeldu« bietet viel mehr. Das zeigt schon der sprechende Baum, der Passanten auf den etwas versteckten Eingang hinweist. Das »Kuddeldaddeldu« hat viele Stammgäste, die sogar gemeinsam mit ihren Eltern herkommen.

Hier können Kinder nicht nur im Bällebad planschen, auf Bobby-Cars Rennen fahren, auf drei großen Trampolinen hüpfen und im Riesen-Klettergerüstparcours ihre Geschicklichkeit üben. Ab dem Vorschulalter winkt die magische Stadt – gebaut mit viel Holz und Phantasie von Jürgen Bergmann, dessen Kreationen man in und um Dresden auf vielen Spielplätzen begegnet. Hier kann man auf Entdeckungsreise gehen, die Läden, Werkstätten und Institutionen von Schule bis Polizei ausprobieren – alles ist detailgetreu und mit viel Augenzwinkern eingerichtet.

Wer eine Stunde Zeit mitbringt, kann auch sein Zauberdiplom ablegen. Jeder Raum in der magischen Stadt muss genau untersucht werden, um die Zahlen zu finden, die man auf dem Hinweiszettel vom Einlass einträgt und zusammenrechnet. Was passiert, wenn man die richtigen Zahlen im Zauberschloss eingegeben hat, verraten wir natürlich nicht!

»Kuddel« ist übrigens ein niedlicher kleiner Ritter, den man im Spielpark an vielen Stellen trifft. Samstags gibt er sogar Konzerte. Und mit seinem Namensvetter, den Oma und Opa vielleicht noch aus DDR-Zeiten kennen, hat er absolut gar nichts zu tun.

TIPP: Wer Kuddel sehr mag, der freut sich bestimmt, dass es ihn auch im Chemnitz Center gibt. Dort sieht das Kinderland ganz anders aus als in Dresden!

Adresse Peschelstraße 33, 01139 Dresden-Mickten (ElbePark, 1. Stock), www.kuddeldaddeldu.de // ÖPNV Straßenbahn 9, 13, Bus 64, 70, 72, 80, Haltestelle Dresden ElbePark // Öffnungszeiten Mo – Fr 14 – 19 Uhr, Sa und Ferien 10 – 19 Uhr; Tickets: Kinder unter 1 Jahr mit einem Erwachsenen frei, Kinder 1 – 3 Jahre mit einem Erwachsenen 3,50 Euro, Kinder ab 4 Jahre mit einem Erwachsenen 3,50 Euro // ab 3 Jahre

61_DIE KÜNSTLICHE RUINE

Verwunschener Spaziergang in Pillnitz

Kurfürst Friedrich August III., der Enkel von August dem Starken, fand es romantisch, beim Waldspaziergang sein Picknick in einer Ruine einzunehmen. Also wurde für ihn eine errichtet. Seit 1780 steht am Berghang des Schlossbergs über dem Friedrichsgrund ein kleines pseudogotisches Gemäuer, dessen Mauern pittoresk wegkrümeln wie bei einer echten Ruine. So konnte der spätere König von Sachsen, der den Beinamen »Der Gerechte« trug, bequem aus dem Schlosspark Pillnitz herüberspazieren und mit den Damen des Hofes speisen – dafür wurde eine Küche eingebaut. Auch einen Kamin gab es, damit die Ladys an Herbstabenden nicht froren.

In seinen Überresten haben Generationen von Wanderern Feuerchen gemacht, als der König schon lange nicht mehr lebte, das Dach eingefallen war und die Ruine langsam zu einer echten Ruine verfiel.

Heute steigt man über einen steilen Serpentinenweg durch einen herangewachsenen Wald aus hohen Buchen, deren Wurzeln natürliche Treppen in den Hang gelegt haben. Das Innere der Ruine ist seit ihrer gründlichen Sanierung nicht mehr zugänglich. Eine Wendeltreppe führt aber jetzt zu einem neuen Aussichtspunkt hinauf aufs Dach. Der Ausblick auf das weite Elbtal ist wunderschön. Und abends, wenn die Sonne untergegangen ist und die ersten Fledermäuse aus den Winkeln der Ruine hervorschwirren, ist es bestimmt fast so romantisch wie zu Zeiten von König Friedrich August.

Adresse Zugang über Wünschendorfer Straße, 01326 Dresden-Pillnitz // ÖPNV Bus 83, Haltestelle Rathaus Pillnitz // Öffnungszeiten immer // ab 4 Jahre

TIPP: Wem der Weg zur Ruine viel zu kurz war, der kann die Wanderung ausdehnen und zum Beispiel durch den Friedrichsgrund weiter zur Meixmühle und zum Zuckerhut laufen.

62_DIE LÖSSNITZ-GRUNDBAHN

Auf schmaler Spur durch den Friedewald

Die alte schwarze Dampfeisenbahn passt mit ihrem qualmenden Kohleantrieb nicht mehr so recht in die moderne Zeit. Das macht sie bei Dresdnern und Touristen wohl so beliebt. Die steigen gern in die offenen Waggons und lassen sich von der laut tutenden Dampflok 16 Kilometer durch den idyllischen Lößnitzgrund von Radebeul über Moritzburg nach Radeburg ziehen. Dabei fährt die historische Schmalspurbahn vorbei an Weinbergen, passiert das Bilzbad und das Freibad Friedewald und fährt auf Dämmen über zwei Seen.

Ihren größten Ruhm genießt die alte Bahn, die liebevoll »Lößnitzdackel« genannt wird, jedes Jahr am letzten Mai-Wochenende. Dann darf sie als Santa-Fe-Express beim Karl-May-Fest mitspielen.

Ihre Rolle: Sie wird von Indianern überfallen. Fahrgäste müssen sich aber keine Sorgen um ihre Wertsachen und Skalps machen: Mitreisende Marshalls und Cowboys siegen traditionell über die feindlichen »Rothäute«.

Als die DDR-Führung 1964 beschloss, alle Schmalspurbahnen stillzulegen, drohte dem »Lößnitzdackel« das Ende. Aber weil im Lößnitzgrund weder ausreichend Lkw noch Busse fahren konnten, hielt sich die Lößnitzgrundbahn lange genug, bis alte Dampfloks als touristische Attraktion ein Revival erlebten. Fast 700 Bahn-Fans steigen heute täglich ein. Dank einer Gruppe von Eisenbahnfreunden sehen die Traditionsbahnen noch fast genauso aus wie bei ihrer ersten Fahrt im Jahr 1884 – und sie stinken noch genauso.

TIPP: Eine weitere historische Schmalspurbahn fährt in Dresdens Süden durch das Weißeritztal; sie ist sogar noch älter als der »Lößnitzdackel«. Die Tickets gelten für beide Züge.

Adresse Start: S-Bahnhof Radebeul Ost, 01445 Radebeul // **ÖPNV** S-Bahn S1 aus Dresden; von Moritzburg entweder wieder zurück nach Radebeul fahren oder mit Bus 477 direkt zurück nach Dresden // **Öffnungszeiten** Fahrzeiten: etwa alle 2 Stunden ab Radebeul Ost, einige Züge bis Radeburg, andere nur bis Moritzburg, Fahrzeit circa 30 Minuten bis Moritzburg und weitere 30 Minuten nach Radeburg; Tickets: Einzelfahrt nach Moritzburg Erwachsene 7,10 Euro, Kinder 3,60 Euro, Familienkarte 16 Euro // ab 2 Jahre

63_DAS LÜGENMUSEUM

Kunst oder Wahrheit?

Schon am Eingang deutet sich an, dass hier etwas Besonderes wartet. Hinter Fachwerk und Blümchen ertönen aus geheimnisvollen Kästen und Kisten seltsame Geräusche, die von verrückten Maschinen erzeugt werden. Beim Rundgang durch die Räume des alten Gasthofs von Serkowitz denken die Besucher darüber nach, was eine Lüge zur Lüge macht, ob Kunst Lügen aufdecken sollte oder selbst eine schöne Lüge sein kann und ob es nicht auch ganz nett sein kann, sich belügen zu lassen.

Die einen sind verzaubert vom Sammelsurium an Automaten und Maschinen, Göttermasken, Stillleben und alten Postern. Endlos lange schauen sie, entziffern Inschriften und stupsen Drähte an.

»Das ist ja gar kein richtiges Museum!«, stellen andere fachmännisch fest. Stimmt: Hier wird phantasiert, was das Zeug hält. Die Geschichten vom Museum der Dinge, die es gar nicht gibt, die Richard von Gigantikow in einem Tagebuch der Emma von Hohenbüssow fand, sind so offensichtlich geflunkert, dass sogar kleine Kinder misstrauisch schauen. Aber wie ist es mit dem Stück versteinerter Dinosaurier-Kacke? Und das Serkowitzer Orakel, das alle Fragen beantwortet? »Das funktioniert ja wirklich!«, staunt der Skeptiker.

Spätestens in Raum acht, wo das Kunstwerk mit dem Titel »Einmal auf dem Sonnendeck der Titanic liegen und nicht an den Weltuntergang denken« steht, wird das Anliegen des Künstlers klar: »Die Lüge im Dienste der Wahrheit wäscht den Staub des Alltags von den Sternen.«

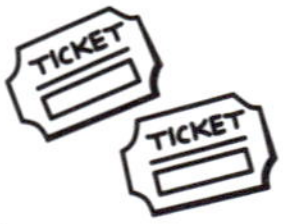

Adresse Kötzschenbrodaer Straße 39, 01445 Radebeul, www.luegenmuseum.de // ÖPNV Bus 72, Haltestelle Radebeul Altserkowitz // Anfahrt von Dresden-Mickten über Kötzschenbrodaer Straße bis Serkowitz // Öffnungszeiten Sa, So, Ferien und Feiertage 13–18 Uhr; Eintritt: Erwachsene 5 Euro, Kinder bis 12 Jahre 2 Euro // ab 5 Jahre

TIPP: Richard von Gigantikows labyrinthischen Holzkonstruktionen begegnet man auch auf der Bunten Republik Neustadt und auf dem Weinfest der Stadt Radebeul. Dort werden sie jedes Jahr Ende September zum Finale des Fests verbrannt.

64_ DAS »MANDALA«

Indoor-Paradies für Klettermäxchen

Wenn die Zeit mal nicht reicht für einen Ausflug ins Boulder-Paradies Sächsische Schweiz, stehen in Dresden diverse Indoor-Angebote zur Verfügung. Eines der schönsten für Boulder-Fans (Klettern und Bouldern sind komplett verschiedene Dinge!) befindet sich seit Ende 2015 in den Werkhallen der »Zeitenströmung«.

Dieses Areal nördlich des Hechtviertels wurde bis 1918 militärisch genutzt, danach baute man hier Turbinen und Getriebe für Schiffe und Flugzeuge.

Zwischen den historischen Gebäuden bietet die Boulderhalle »Mandala« Gelegenheit zum Auspowern. Erdacht wurde sie von zwei lokalen Boulder-Größen. Mit »Mandala« ist kein Ausmalbild gemeint, sondern die legendärste Boulder-Route der Welt in Kalifornien, die im Jahr 2000 erstmals bezwungen wurde. »Mandala« steht auch für Bewegung und Konzentration – deshalb wechseln die Routen in der Boulderhalle jeden Monat, damit es spannend bleibt.

Und weil die Dresdnerinnen und Dresdner so viele Kinder haben, bekamen die 2017 im »Mandala« ihr eigenes Reich – eine ganze Kletterhalle nur für Kids! Die Größeren können klassisch an Routen diverser Schwierigkeitsgrade üben. Auf die Jüngeren wartet ein vielseitiges Bewegungsangebot für alle, die mit dem Bouldern (noch) nichts anfangen können. Eltern, die nicht mitkraxeln wollen oder können, schauen gemütlich vom Sofa aus dem wilden Treiben zu.

Adresse Königsbrücker Straße 96, 01099 Dresden-Neustadt, www.boulderhalle-dresden.de // **ÖPNV** Straßenbahn 7, 8, Haltestelle An der Heeresbäckerei // **Öffnungszeiten** Mo–Fr 8–23 Uhr, Sa, So, Feiertage 9–22 Uhr; Tickets: Tageskarten Erwachsene 12 Euro, Kinder 5–16 Jahre 7 Euro, Kinder 1–4 Jahre 4 Euro, Familienkarte (2 Erwachsene, 2 Kinder) 25 Euro; Zehner-, Monats- und Jahreskarten günstiger // ab 4 Jahre

TIPP: In der Nachbarhalle des »Mandala« werden regelmäßig wechselnde Ausstellungen gezeigt, die in den Museen Dresdens keinen Platz finden – von den »Eiswelten« im Winter über lebensgroße Dino-Modelle bis zu den Kriegsmaschinen von Leonardo da Vinci.

65_DIE MARTIN-LUTHER-KIRCHE

Falkenfelsen mitten in der Neustadt

Die Martin-Luther-Kirche ragt seit 1887 aus der Äußeren Neustadt auf. Ihr 81 Meter hoher Turm dient nicht nur der Orientierung beim Bummel durch die engen Gründerzeitgassen. Er ist auch Wohnraum für eine Turmfalken-Familie. Die kann man durch ein als Kunstwerk getarntes Guckrohr von unten beobachten. Netterweise gibt es zwei davon: eins in Kinderhöhe und darüber eins für die Eltern.

Die ersten Turmfalken zogen ein paar Jahre nach der Wende im Kirchturm ein. In der Neustadt gab es reichlich unsanierte Gebäude

mit leer stehenden Dachböden und brachliegende Hinterhöfe, wo sich leckeres Futter herumtrieb. Seitdem an jeder Ecke saniert und neu gebaut wird, ist es mit dem Turmfalken-Paradies aus, in ganz Dresden gibt es nur noch 120 von ihnen.

Im sanierten Turm der Martin-Luther-Kirche leben noch immer Turmfalken. Jeden Freitagabend im Sommer ist der Kirchturm für Besucher geöffnet, die genug Puste haben, um die 224 Stufen der engen Wendeltreppe bis auf die erste Plattform zu steigen. Auf halber Strecke bietet das »Turmcafé« eine Verschnaufpause. Dort kann man das Uhrwerk der Kirchturmuhr bewundern, das alle 15 Minuten einen Glockenschlag über die Neustadt schickt.

Wer es bis nach oben geschafft hat, der genießt einen weiten Blick über die Elbe und die Altstadt Dresdens. Es gibt Dresdner, die jedes Jahr hinaufsteigen und schauen, was sich alles verändert hat in ihrer Heimat. Es tut sich eine Menge!

Adresse Martin-Luther-Platz 5, 01099 Dresden-Neustadt // ÖPNV Straßenbahn 11, Haltestelle Pulsnitzer Straße // Öffnungszeiten Turmbesteigung jeden Fr 20–23.30 Uhr, Aufstieg: Erwachsene 2 Euro, Kinder 1,50 Euro; Achtung: Aufstieg nicht für Menschen mit Höhenangst geeignet // ab 5 Jahre

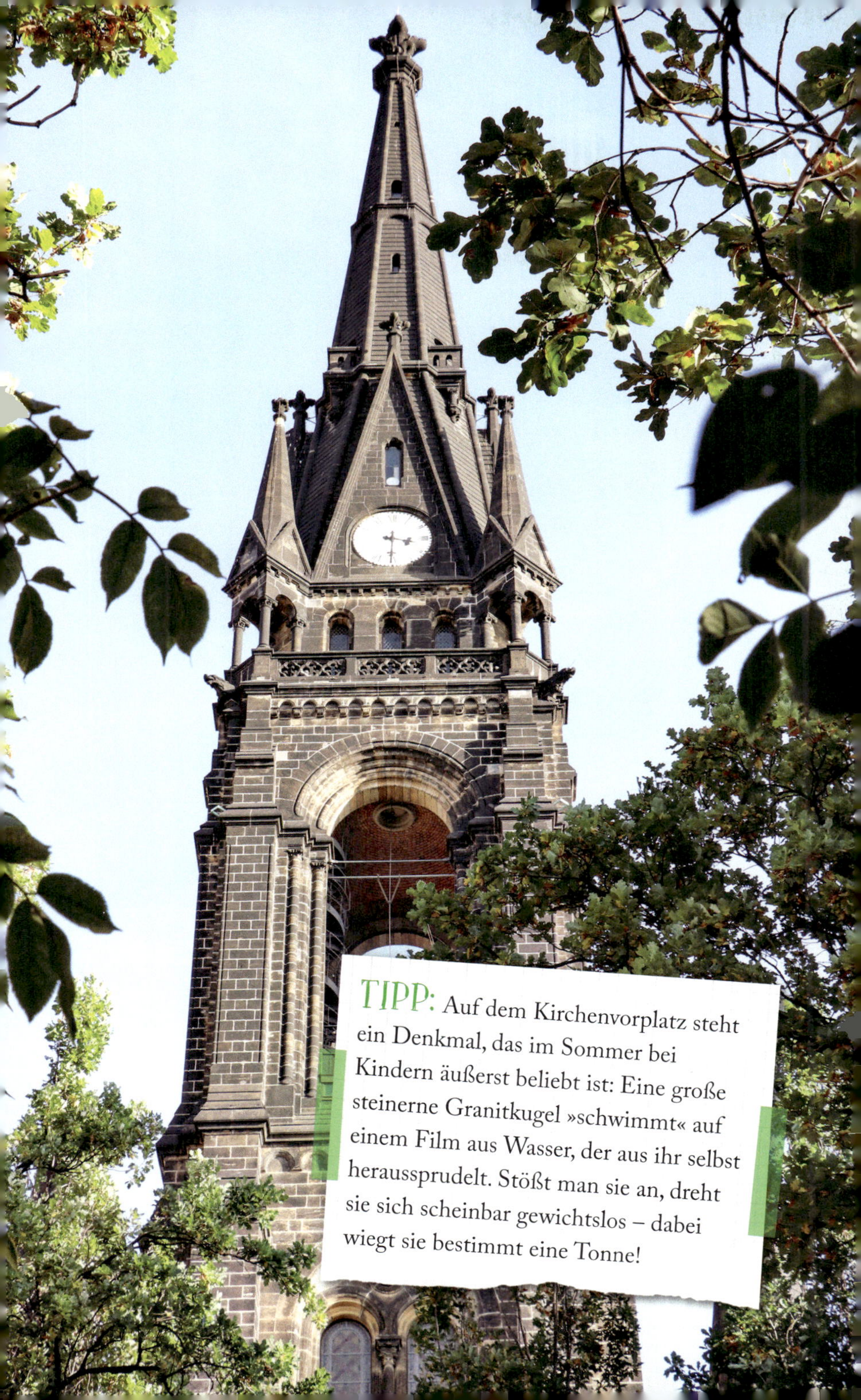

TIPP: Auf dem Kirchenvorplatz steht ein Denkmal, das im Sommer bei Kindern äußerst beliebt ist: Eine große steinerne Granitkugel »schwimmt« auf einem Film aus Wasser, der aus ihr selbst heraussprudelt. Stößt man sie an, dreht sie sich scheinbar gewichtslos – dabei wiegt sie bestimmt eine Tonne!

66_DAS »MUTZELHAUS«

Ein Café nur für Familien

2014 erhielt das »Mutzelhaus« die Auszeichnung »kinderfreundlichstes Familiencafé Dresdens«. In einer der kinderreichsten Städte Deutschlands ist das eine hart umkämpfte Ehre.

Gründerin Diana Helbig hat selbst drei Kinder und das »Mutzelhaus«-Imperium im Sommer 2013 gegründet, als sie noch stillte. Viele junge Mütter lieben das »Mutzelhaus« deshalb: »Hier kann ich in Ruhe stillen, ohne dass jemand komisch guckt«, erzählen sie. Die Gerichte auf der Speisekarte lässt das »Mutzelhaus« im Restaurant »Burger Meister« nebenan zubereiten. Die leckeren Kuchen, Cookies und Wolkenkekse bäckt das Team selbst. Und für die Kleinsten gibt es eine Auswahl an Babybrei.

Fühlen sich die Angestellten von den kleinen Forschern gar zu sehr gestört, klappen sie die kniehohen Türchen zu, die den Garderobenbereich und die Küche vom Gastraum trennen. Dann beschäftigen sich die Lütten in der Spielecke, wo Schubladen voller Bausteine und Puppen warten. Wer schon stehen kann, kocht und bäckt in der Mini-Spielküche. Sobald die Kitas in der Äußeren Neustadt schließen, geht es im »Mutzelhaus« hoch her. Das Restaurant ist auch eines von wenigen, in denen man schon vor zehn Uhr frühstücken kann! In Ruhe stillt man dann an den kleinen Tischen nicht mehr. Außer bei schönem Wetter – dann toben die Größeren im umschlossenen Innenhof auf dem Kletter-Rutsch-Turm.

Übrigens: Das u in »Mutzel« wird lang ausgesprochen. Wir Sachsen bezeichnen damit ein Fussel oder eine kleine Fluse.

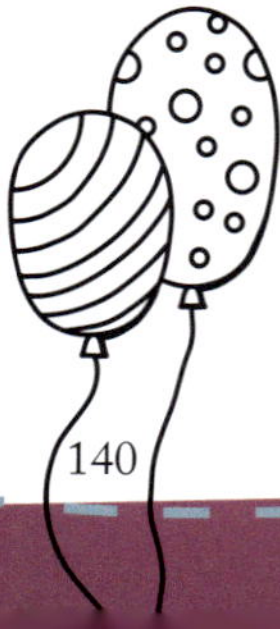

TIPP: Wenn es drinnen gar zu hoch hergeht, wartet ziemlich genau gegenüber auf der Louisenstraße ein Spielplatz für die großen Geschwister.

Adresse Louisenstraße 54, 01099 Dresden, www.mutzelhaus.de // ÖPNV Straßenbahn 13, Haltestelle Louisenstraße/Nordbad, Straßenbahn 11, Haltestelle Bautzner/Rothenburger Straße und circa 10 Minuten Fußweg // Öffnungszeiten Mo – So 9 – 19 Uhr; Achtung: Sockenpflicht; Hunde nicht erlaubt // 0 – 6 Jahre

67_DAS NORDBAD

Füße stippen im Mini-Hallenbad

Die älteste Schwimmhalle Dresdens hat weder Wasserrutsche noch Whirlpool, nur ein Becken und dazu eine winzige Plansch-Ecke. Aber schön sieht sie aus: wie eine Mini-Version der grandiosen Thermen von Budapest!

Jedenfalls seit 1996. Davor war das über 120 Jahre alte Bad eine Ruine. Als es 1970 endgültig geschlossen wurde, war das für die Anwohner mehr als ärgerlich. Ihre maroden Wohnungen hatten weder Bad noch Toilette. In den 22 Badewannen des Nordbads konnte man für 1,50 DM 20 Minuten lang warmes Wasser genießen.

Das Nordbad ist immer noch ein Treffpunkt für »Locals«. Die genießen vor allem die allabendlichen Sauna-Sessions. Je nach Wochentag schwitzen Männer und Frauen getrennt oder zusammen, entspannen danach auf der Dachterrasse, und an jedem letzten Samstag im Monat springen sie nach der Mitternachtssauna splitternackt ins Becken.

Die Kinder sind dann natürlich schon lange raus aus dem Wasser. Ihre Zeit ist der Vormittag, dann quietschen in der restaurierten Halle Babys und Schwimmanfänger bei diversen Kursangeboten. Sie lieben vor allem den höhenverstellbaren Boden, der aus dem 1,80 Meter tiefen Becken eine 30 Zentimeter flache Planschpfütze machen kann. Eltern freuen sich, weil sie die Lütten in dem 8-mal-16-Meter-Becken nicht so schnell aus den Augen verlieren. Schwimmbretter, Wasserbälle oder Poolnudeln liegen am Beckenrand bereit. Und der Nachhauseweg ist so kurz, dass man nicht mal die Haare föhnen muss!

TIPP: Gemütlich sitzt man nach dem Schwimmen im »Teegadrom«, das im Vorderhaus zur Louisenstraße verschiedenste Tees und ungewöhnliche Spiele wie das indische Fingerbillard »Carrom« anbietet.

Adresse Louisenstraße 48, 01099 Dresden-Neustadt, Zugang über Louisenstraße oder Böhmische Straße // **ÖPNV** Straßenbahn 13, Haltestelle Louisenstraße/Nordbad // **Öffnungszeiten** Schwimmbad: Mo (Warmbadetag), Di, Do, Fr 14–21 Uhr, Sa, So, Feiertage 10–19 Uhr; Eintritt Schwimmbad: Erwachsene 3 Euro für 1 Stunde, 4 Euro für 2 Stunden, Kinder ab 1 Meter Körpergröße 2 beziehungsweise 2,50 Euro // ab 0 Jahre

68_DIE NUDOSSI-FABRIK

Nachhaltige Ost-Nutella

Woraus sollte eine Schokoladencreme bestehen? Natürlich aus Schokolade, also Kakao. Die Cremigkeit entsteht durch aufgeschäumtes Öl oder Haselnüsse. Wo der Branchenriese magere 13 Prozent Haselnüsse hinzugibt und den Rest mit Palmöl auffüllt, enthält Nudossi satte 36 Prozent Haselnüsse und im Vergleich zu anderen Produkten am wenigsten Zucker. Die Stiftung Öko-Test kürte Nudossi deshalb 2010 unter 21 Konkurrenten zur besten Schokocreme. Weil immer mehr Kunden danach fragten, gibt es seit 2017 auch eine palmölfreie Variante – mit dem Öl der Salnuss.

Viele Menschen kennen Nudossi als »Ost-Nutella«. Aber nur wenige kommen in die Nudossi-Fabrik in Radebeul. Sie hat eine lange Geschichte: Ihr Firmengründer überstand als einer von ganz wenigen Schokoladenfabrikanten sowohl den Zweiten Weltkrieg als auch die DDR-Zeit. Seit 1970 stellte man in Radebeul die Nudossi-Creme her – der hohe Anteil an Haselnüssen war einem Mangel an künstlichen Aromen zu verdanken.

1991 war Schluss mit dem leckeren Aufstrich – und die Trauer bei uns »Ossis« groß. Das Comeback übernahm Konditormeister Hartmann, der 1999 die Nudossi-Namensrechte kaufte. Heute werden in Radebeul sechs Tonnen Schokoladenaufstrich produziert. Am Tag!

Wie die Schokocreme hergestellt wird, das kann man bei einer Werksführung in den neuen Hallen sehen; die ist für Kinder allerdings ein bisschen langweilig. Zum Glück gibt es den großen Nudossi-Werksverkauf, da kann man sich gut die Wartezeit vertreiben!

TIPP: Zwischen Mai und September kann man den Besuch in der Nudossi-Fabrik mit einem Bad im kostenlosen Baggersee verbinden. Das Lößnitzbad liegt nur 500 Meter weiter an der Fabrikstraße.

Adresse Fabrikstraße 4, 01445 Radebeul, Eingang zum Werksverkauf: Kötitzer Straße 27, www.nudossi.de // **ÖPNV** aus Dresden Straßenbahn 4, Haltestelle Moritzburger Straße, circa 1 Kilometer Fußweg, vom S-Bahnhof Radebeul-Kötzschenbroda Bus 400, Haltestelle Emil-Schüller-Straße // **Anfahrt** aus Dresden-Mickten über Kötzschenbrodaer Straße/Vorwerkstraße/Herrmann-Ilgen-Straße, rechts halten auf Wilhelm-Eichler-Straße, links abbiegen auf Emil-Schüller-Straße, rechts auf Kötitzer Straße, Parkplatzeinfahrt links // **Öffnungszeiten** Werksverkauf: Mo – Fr 9 – 18 Uhr; Betriebsführungen: Mo – Fr nach telefonischer Anmeldung ab mindestens 15 Personen; Eintritt: Betriebsführung inklusive Tasse Kaffee 7,50 Euro für Erwachsene; Dauer: 1 Stunde // ab 6 Jahre

69_DIE »OMA«

Futtern wie bei Muttern

In der »Oma« gibt es seit Jahrzehnten gutbürgerliche Kost, nach dem Motto »Futtern wie bei Muttern«. Die gemütliche Gaststube im Erdgeschoss und die »gute Stube« im ersten Stock des 400 Jahre alten Fachwerk-Bauernhofs muten wie eine Zeitreise ins Zuhause der eigenen Großmutter an. Die geblümten Tischdecken und die Retro-Einrichtung aus den 1920er Jahren wecken bei vielen Gästen wohlige Kindheitserinnerungen, genau wie die Küchengerüche nach Milchreis mit Kirschrand, Entenbraten mit Klößen oder Königsberger Klopsen.

Ebenso beliebt sind die großen Portionen, die es in der »Oma« zum relativ kleinen Preis gibt. Das Einzige, was nicht passt, ist das Geschirr: Eigentlich wird man doch bei den Großeltern immer zur Vorsicht gemahnt wegen des »guten« Porzellans mit Zwiebelmuster?! Die robusten Steingut-Teller sind zwar weniger schick, bei einem Restaurantbesuch mit Kindern aber zweifellos angenehmer.

Die »Oma« ist seit Jahrzehnten eine Institution in einem Stadtteil, der ansonsten kaum mit kulinarischen Highlights lockt. Zwischen dem Weinkeller (Opas Revier) und dem Restaurant lädt der zur Straße offene Biergarten zum Reinschauen ein, über dessen Tischen und der gemütlichen Hollywoodschaukel Bettlaken und Miederhosen an Wäscheleinen baumeln. Weil die kulinarische Zeitreise bei Touristen immer beliebter wird, empfiehlt es sich inzwischen, rechtzeitig einen Tisch zu reservieren. Dann steht einem gemeinsamen Familienessen, bei dem endlich einmal nicht gemäkelt wird, nichts mehr im Weg!

Adresse Cossebauder Straße 15, 01157 Dresden-Cotta, www.oma-opa.de // ÖPNV Straßenbahn 1, Haltestelle Cossebauder Straße, Straßenbahn 14, Bus 79, 80, Haltestelle Ockerwitzer Straße // Öffnungszeiten täglich ab 11.30 Uhr // ab 3 Jahre

TIPP: Für alle, deren Großmutter eher die Sorte Grande Dame war, ist der Ableger »Homage« am Wasaplatz geeigneter, Erinnerungen an die Kindheit zu wecken: mit Rotem und Grünem Salon und natürlich einem Herrenzimmer.

70_DAS »OSKARSHAUSEN«

Konkurrenz zum Erdbeer-Imperium

Wo liegt nur Oskarshausen? Das Ortseingangsschild auf der Burgker Straße weist seit Anfang 2019 Familien zu einer wirklich guten Adresse.

Als 1990 der Kapitalismus nach Dresden kam, schossen an den Stadträndern die Einkaufszentren wie Pilze aus dem Boden. Dann wurden sie durch noch größere Malls ersetzt und standen leer herum. Die alte »real«-Filiale in Freital füllt nun neues Leben: »Oskarshausen« ist ein riesiger kombinierter Freiluft- und Indoorspielplatz, eine Art »Karls Erdbeerland« ohne Erdbeeren.

Wie sein erfolgreiches Vorbild bietet »Oskarshausen« für jeden etwas: Spielgeräte und Hüpfburgen, Ponys aus Holz und in echt, Bastelstraßen und Kettcar-Rennstrecken, Shopping-Gelegenheiten und Kaffee für die Eltern. Favorit der Jüngsten ist der Matschplatz, kleine Mädchen lieben die Ponys von der Pistolero-Ranch. Die Größeren treten beim Fußballgolf gegeneinander an oder stürzen sich beim »Wolkensprung« aus sechs Metern Höhe in ein Luftkissen.

Gründer Christian Wehlan hat seinen Spielpark mit Blick auf den Massengeschmack, aber auch mit sichtbarem Stolz auf seine Heimat konzipiert. »Oskar« ist sein Vorfahre, der im Erzgebirge Holzprodukte erfand. Deshalb wird überall mit den Themen Bauen aus Naturmaterialien und Upcycling gespielt. Oskar hat auch an vielen Stellen Fußabdrücke und Werkzeug hinterlassen. Die überall herumstehenden und -hängenden Stühle verweisen wiederum auf das nahe Rabenau, das 400 Jahre lang Deutschlands Stuhlbau-Zentrum war.

TIPP: Das Erdbeer-Imperium von »Karls« will, ersten Gerüchten zufolge, bald eine neue Filiale nahe Freital eröffnen. Ob Oskar gegen Karl eine Chance hat?

Adresse Burgker Straße 39, 01705 Freital, www.oskarshausen.de // **ÖPNV** Buslinie B (Stadtverkehr Freital), Haltestelle »Windbergallee« und circa 100 Meter zu Fuß, oder S-Bahn S 3 vom Dresdner Hbf. bis Freital-Potschappel und circa 1,5 Kilometer (Fahrrad mitnehmen!) // **Anfahrt** über B170 nach Freital-Burgk, auf Burgker Straße Richtung Stadtzentrum, großer kostenfreier Parkplatz auf dem Dach // **Öffnungszeiten** Mi, Fr 12–19 Uhr, Do, Sa, So, Feiertage 9–19 Uhr, Mo, Di geschlossen, Ferien: Mo–Fr 10–19 Uhr, Sa, So, Feiertage 9–19 Uhr; Eintritt: ab 3 Jahre 3 Euro, Wochenenden und Feiertage 6 Euro; Familienkarte 9,90 Euro und 16,90 Euro // ab 2 Jahre

71_DAS OSTRAGEHEGE

Elternspielplatz an Dresdens größter Sportstätte

Zwischen Yenidze und Alberthafen reiht sich eine Sportanlage an die nächste. Wo früher der königliche Hof seine Fasanen züchtete, Wildtiere für die Jagd gehegt und Obstbäume gepflegt wurden, sieht man heute die Dresdner joggen, Fußball spielen, radeln und inlineskaten. Aus der Eissporthalle hört man das Brüllen der Eishockey-Fans, über die große Eisbahn davor sausen im Winter die Short-Tracker. Freitagabends wirft sich hier die Jugend bei der Eisdisco erste Küsse zu. In der brandneuen Ballsportarena feuern die Handball-Fans ihre Mannschaften an, im Keller dotzen Squash-Gummibälle an die Wände. Im Heinz-Steyer-Stadion rammen die Footballer der Dresden Monarchs ihre Schulterpolster ineinander, während die Rennradl vom DSC-Sportclub in die Pedale treten.

Die einen hoffen, durch bloßes Zuschauen etwas sportlicher zu werden, während ihre Kinder auf den breiten Wiesen und Spielplätzen toben. Die anderen spucken in die Hände: Auf dem Trimm-dich-Pfad sieht man zu jeder Tageszeit fleißige Athletinnen und Athleten schwitzen. Es macht aber auch Spaß, den Parcours zusammen mit den Kindern um die Wette zu bewältigen.

Erst wenn die Sonne untergeht, heben sich die Köpfe wieder: In aller Stille steigen dann die Hüllen der Heißluftballons von den Wiesen am westlichen Ende des Ostrageheges in die Lüfte – so hoch wie die Ambitionen der Sportler.

Adresse Magdeburger Straße 10, 01067 Dresden-Friedrichstadt, Zugang vom Ostende der Pieschener Allee // ÖPNV S-Bahn S 1, Haltestelle Bahnhof Dresden-Mitte // Öffnungszeiten Hallen und Sportplätze nur für Sportvereine; Ballsportarena: Squash- und Badmintonfelder, Kegelbahnen und Beachvolleyballfelder mietbar; Eissporthalle und Eislaufbahn Nov. – Anfang März für Freizeitsportler geöffnet; Trimm-dich-Anlagen und Spielplätze immer zugänglich // ab 1 Jahr

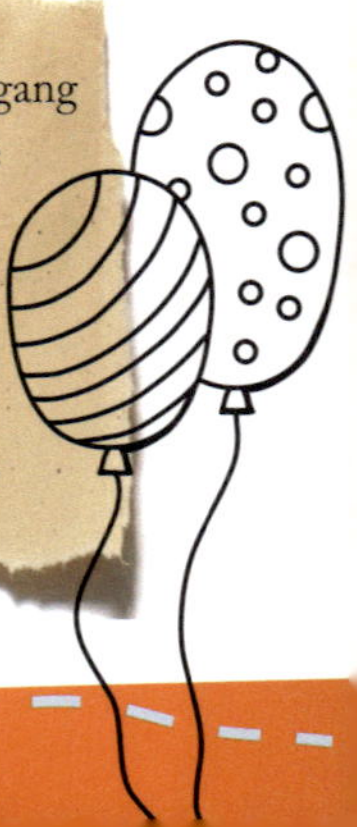

TIPP: Noch mehr Spaß bietet der Rummel, der jeden Herbst gleich neben der Marienbrücke an der Pieschener Allee gastiert. Im Dezember steht hier das Zelt des Weihnachtszirkus.

72_DAS PALITZSCH-MUSEUM

Urgeschichte, Plattenbau und Astronomie

Nach Prohlis, in eines der größten Plattenbau-Gebiete Dresdens, verirrt sich kein Tourist. Kaum jemand weiß, dass Prohlis quasi die Wiege der Besiedelung Sachsens ist. Seit 7.000 Jahren leben hier Menschen. Auf dem Gelände des Prohliser Freibads wurde ein Eckzahn von einem Wollhaarmammut gefunden, der mehr als 50.000 Jahre alt sein soll.

Aber Prohlis hat auch jüngere Stars zu bieten. Im Dorf, von dem heute nur ein einziges Gebäude erhalten ist, lebte im 18. Jahrhundert der Bauer Johann Georg Palitzsch. Im Selbststudium wurde er zum anerkannten Fachmann für Physik, Botanik und Astronomie. Er führte den Blitzableiter und die Kartoffel in Sachsen ein und entdeckte 1785 den Kometen wieder, dessen Rückkehr der Astronom Halley vorausberechnet hatte.

Neben einer umfangreichen astronomischen Abteilung zeigt das Palitzsch-Museum auch Originalmodelle der Prohliser Plattenbauten aus DDR-Zeiten. Beim Rundgang durch den Dachboden des alten Bauernhofs bleiben die Besucher immer wieder stehen und staunen. Das Nebeneinander von Häusermodellen und Landkarten aus drei Zeitepochen lässt darüber nachdenken, wie wir Menschen leben – früher und heute. Das Gästebuch enthält viele Einträge internationaler Besucher. Architekturstudenten, Hobby-Astronomen und Steinzeitfans kommen sogar aus Korea hierher. Aber auch die Prohliser gehen mit neuem Stolz nach Hause: Ihr Stadtteil ist ja richtig sehenswert!

Adresse Gamigstraße 24, 01239 Dresden-Prohlis, www.palitzsch-museum.de // ÖPNV Straßenbahn 1, Haltestelle Jacob-Winter-Platz, Straßenbahn 9, 13, Haltestelle Altreick, oder Bus 66, Haltestelle Gamigstraße // Öffnungszeiten Mi–So 13–18 Uhr; Tickets: Erwachsene 4 Euro, Kinder 3 Euro, Fr freier Eintritt // ab 8 Jahre

TIPP: Kahle graue Plattenbauten? Mitnichten: Prohlis ist in den letzten Jahren richtig grün geworden. Das zeigt ein Spaziergang entlang des Geberbachs, dessen Lauf aus den Häuserschluchten hinüber ins beschauliche Nickern führt.

73_DAS PANOMETER

Zeitreise in die Vergangenheit

In der Bombennacht vom 13. Februar 1945 wurde die Altstadt von Dresden fast komplett zerstört. Das Thema Krieg begegnet Besuchern hier an jeder Ecke. Im »Panometer« wechseln etwa im Jahresrhythmus die Ausstellungen »Dresden im Barock« und »Dresden 1945«. Familien mit Kindern gehören immer zu den Besuchern. Sensible Begleitung ist natürlich geboten. Zwar sind auf dem 360-Grad-Rundbild eigentlich nur Ruinen zu sehen (an einer Stelle kann, wer genau hinsieht, eine Leiche entdecken), aber die Hintergrundmusik ist ziemlich düster.

Bewundernswert sind die Technik, die hinter dem riesigen Gemälde steckt, die besondere Maltechnik und die geschickt geschaffenen Perspektiven. Durch die leichte Krümmung und die Höhe ist das Panoramabild nur von den oberen Etagen des Beobachtungsturms korrekt zu erkennen. Dessen fünf Stockwerke, die weit unter der Kuppeldecke enden, machen die Dimensionen des alten Gasometers deutlich: Die gesamte Frauenkirche würde hier samt Spitze hineinpassen.

Ein Farbtupfer ist im Grau der Zerstörung zu entdecken: Zwei Papageien fliegen durch die Trümmer. Sie sind zwar nur aus dem Dresdner Zoo entflohen (in der Bombennacht starben auch viele Tiere), aber sie wirken wie ein dringend notwendiger Hoffnungsschimmer.

Natürlich wollen Eltern die Kinderfrage »Mama, kann das wieder passieren?« verneinen. Ob das ehrlichen Herzens geht? Jeder Dresdner und jeder Deutsche – egal, wie alt – sollte diese Ausstellung einmal im Leben sehen.

TIPP: Gleich um die Ecke kann man sich die Beklemmung buchstäblich vom Leib hüpfen, in Dresdens größter und einziger Trampolin-Halle, dem »Superfly«.

Adresse Gasanstaltstraße 8b, 01237 Dresden-Reick, www.panometer.de // **ÖPNV** S-Bahn S1, Haltestelle Dresden Reick und circa 10 Minuten Fußweg, oder Bus 64, Haltestelle Nätherstraße; vom Altmarkt stündlich kostenloser Shuttle-Service für Ticket-Besitzer // **Öffnungszeiten** Mo – Fr 10 – 17 Uhr, Sa, So, Feiertage 10 – 18 Uhr; »Dresden im Barock«-Ausstellung ab Anfang 2020; Halle im Winter ziemlich kalt und im Sommer recht stickig; Tickets: Erwachsene 11,50 Euro, Kinder ab 6 Jahre 6 Euro, Familienkarte 29 Euro; Leih-Fernglas 2 Euro // ab 5 Jahre

74_DIE PRIESSNITZ-MÜNDUNG

Urbanes Strand(fuß)bad

Da, wo auf der Höhe des Diakonissenkrankenhauses die Prießnitz in die Elbe mündet, beschattet ein kleiner Uferwald aus Weiden und Schwarzpappeln ein echtes Abenteuerbad: Kleine und große Kinder waten vom eiskalten Bachwasser, frisch aus der Dresdner Heide, ins wärmere Flusswasser. Sie bauen Dämme aus losen Steinen der alten Uferbefestigung, schippen den angeschwemmten Sand in Eimerchen, pritscheln und spritzen. Bis der nächste Dampfer der Weißen Flotte mit seinen Bugwellen alle Sandburgen zerstört. Kreischend springen dann alle auf, ziehen Picknickdecken und Schuhe zwei Meter landeinwärts und vergessen dabei nicht, den Kaffeegesellschaften an Bord zuzuwinken.

Danach geht das Sommervergnügen weiter. Den Neustädtern ist es egal, dass die Prießnitz nicht als offizielles Badegewässer freigegeben ist. Die Wasserqualität wird nicht vom Gesundheitsamt geprüft.

Verboten ist das Baden in Prießnitz und Elbe nicht. Solange weder andere Menschen noch die Umwelt gestört werden, fällt es unter den Begriff des »Gemeingebrauchs«. Und die Allgemeinheit ist rege vertreten, sobald die Sonne scheint. Von den Ästen der Weiden hängen Handtücher, nasse Hosen und Schaukelstricke, hinten parken Reihen von Bollerwagen und Fahrradanhängern – traditionelle Fortbewegungsmittel der Neustädter. Hunde sind auch dabei, ins Freibad dürfen sie ja nicht. Und die eine oder andere volle Windel liegt herum – so genau nimmt das hier keiner.

Adresse Diakonissenweg, 01099 Dresden-Neustadt, Zugang dort, wo der Elberadweg über eine Brücke über die Prießnitz führt // ÖPNV Straßenbahn 11, Haltestelle Diakonissenkrankenhaus // ab 1 Jahr

TIPP: An warmen Tagen steigen Badende auf der gesamten Länge des Flussufers ins Wasser, auch hier. Trotzdem sollten Kinder nicht tiefer als bis zu den Knien in den Fluss hinauswaten – die Strömung ist überraschend stark und es ertrinken immer wieder Menschen in der Elbe!

75_ DER PRIESSNITZ-TUNNEL

Geheimnisse unter der Straße

Für eine echte Mutprobe braucht man in Dresden einen trockenen Tag. Je weniger es geregnet hat, desto besser sind die Chancen, mit trockenen Füßen durch diesen finsteren Tunnel zu gelangen. Seine Öffnung liegt nahe der Badestelle unterhalb des Diakonissenkrankenhauses an der Elbe. Hier mündet die Prießnitz in die Elbe, die zuvor 15 Kilometer durch die Dresdner Heide geflossen ist.

Auf ihren letzten 500 Metern wird die Prießnitz in einen Tunnel gezwungen, damit sie nicht quer über die Bautzner Straße und den Diakonissenweg fließen muss. Und genau durch diesen Tunnel stapfen mutige Abenteurer, mit Taschenlampen bewaffnet oder todesmutig ganz ohne Ausrüstung.

Passieren kann eigentlich nur bei einer erneuten Jahrhundertflut etwas. Ansonsten bleibt die Prießnitz brav in ihrem Bett, das von breiten Fußgängerwegen gesäumt ist. Aber dunkel ist es in dem hallenden Tunnel auf jeden Fall! Ein wenig gruselig erscheinen die Ansammlungen von Treibholz, und das Raunen des Straßenverkehrs über den Köpfen könnte alles Mögliche sein.

Fast magisch wirkt es, wenn sich am anderen Ende des Tunnels eine grün leuchtende Oase eröffnet. Von den Passanten auf der Bautzner Straße unbemerkt, kann man nun mit den Füßen im Wasser Schritt für Schritt der Prießnitz immer weiter folgen. Theoretisch gelangt man im Flussbett bis zum Bischofsweg, wo die Prießnitz erneut unter die Erde abtaucht. Vielleicht wartet dort ein weiterer Tunnel?

TIPP: Verpflegung vergessen? Macht nichts: Nur 50 Meter weiter wartet an der Kurve des Diakonissenwegs das Eismobil von Luigi.

Adresse Diakonissenweg, 01099 Dresden-Neustadt, Eingang unterhalb der Fußgängerbrücke // **ÖPNV** Straßenbahn 11, Haltestelle Pulsnitzer Straße // **Öffnungszeiten** immer, wenn der Pegelstand der Prießnitz niedrig genug ist // ab 4 Jahre

76_DER PRIESSNITZ-WASSERFALL

Kleines Naturwunder in der Dresdner Heide

Gegen diesen abwechslungsreichen Spaziergang durch die Dresdner Heide haben selbst Wandermuffel nichts: Startpunkt ist der Silbersee, wenige Meter von der Langebrücker Straße entfernt. Seinen Namen bekam er von den Kindern aus Klotzsche, die hier gern Cowboy und Indianer spielten. Es könnte aber auch sein, dass unter der stillen Wasserfläche mit den Hunderten Seerosen wirklich ein Schatz liegt. Immerhin wurde in Klotzsche früher Silber abgebaut, und in der Prießnitz hat man Gold gefunden!

Nachdem die Zehen kurz ins Wasser getaucht wurden, geht es mitten durch den Wald (Karten vorher offline auf dem Smartphone speichern!) nach Südosten. Auf dem »H-Flügel« biegt man scharf rechts ein und läuft leicht bergab weiter zur Prießnitztalstraße, die man überquert, um danach den Bach vor sich plätschern zu sehen. Jetzt ist es nicht mehr weit!

Das Ziel sorgt bei Neulingen regelmäßig für Enttäuschung oder herzliches Lachen. Der »Wasserfall« ist höchstens zwei Meter hoch. Trotzdem sieht die kleine Schlucht, durch die sich der Bach einen Weg gebahnt hat, wildromantisch aus.

Die Bachbiegung zwischen dem Wasserfall und einer kleinen Steinbrücke eignet sich hervorragend zum Pritscheln, und auf der anderen Seite wartet eine geheimnisvolle Hütte auf Erkundung. Vom Wasserfall ist man schnell zurück am S-Bahnhof Klotzsche. Wenn nicht gerade Sonntag ist, kann man hier in der Bio-Bahnhofswirtschaft noch etwas Leckeres essen!

TIPP: Die Wanderung war zu kurz, um wirklich anstrengend zu sein? Dann bietet sich der Kletterwald Klotzsche zum Auspowern an, den man am Schluss dieser Wanderung passiert.

Adresse Startpunkt: Langebrücker Straße, Parkplatz »Silbersee« links nach der Eisenbahnbrücke, Endpunkt: Parkplatz am Nesselgrundweg, 01109 Dresden // **ÖPNV** Startpunkt: Straßenbahn 7, Haltestelle Käthe-Kollwitz-Platz, Endpunkt: S-Bahn S 1, Haltestelle Bahnhof Klotzsche // **Öffnungszeiten** immer; Länge: 2,5 Kilometer, Spielzeit am Wasserfall und am Silbersee einrechnen // ab 4 Jahre

77_DAS »RASKOLNIKOFF«

Wasserspielplatz mit Essen

Bei schönem Wetter gibt es keinen besseren Ort zum Frühstücken als den Innenhof des traditionsreichen »Raskolnikoff«. Jedes Kind stürzt sich hier sofort auf den von Sandsteinen umfassten Brunnen, in dem aus gläsernen Röhren stetig Wasser tröpfelt. Wer die Geduld aufbringt, sich lange genug von dem verlockenden Nass fernzuhalten, kann die neugierigen Spatzen beim Baden und Trinken beobachten. Wenn sich eure Kinder aber nicht vom Pritscheln abbringen lassen, bringt lieber Wechselsachen mit!

Das Raskolnikoff ist eine der ältesten Kneipen in der Äußeren Neustadt. Schon seit der Wendezeit leuchtet die rote Glühbirne draußen an der abgerockten Fassade des fast 200 Jahre alten Hauses. Der Clou, dessentwegen viele Gäste regelmäßig herkommen: Die »regionale Landhausküche« bezieht ihre Zutaten von einem Netzwerk aus Bauernhöfen der Region. So ist zwar nicht alles bio-zertifiziert, aber trotzdem ökologisch und fair hergestellt. Die Gerichte auf der langen und ständig wechselnden Tageskarte kann man übrigens nur komplett lesen, wenn man das russische Alphabet beherrscht – eine kleine Hommage an den Namensgeber des Restaurants Rodion Raskolnikow aus Dostojewskis Roman »Schuld und Sühne«. Bei den meisten Neustädtern heißt es ohnehin nur »Ras«. Ein russisches Etablissement war es nie, auch wenn die Dauerposten Borschtsch und Pelmeni auf der Speisekarte das vermuten lassen.

Adresse Böhmische Straße 34, 01099 Dresden-Neustadt, www.raskolnikoff.de // ÖPNV Straßenbahn 13, Haltestelle Görlitzer Straße/Am Nordbad // Öffnungszeiten Mo–So ab 11 Uhr // ab 1 Jahr

TIPP: Besonders schön für Kinderwagen-Chauffeure: Eine breite Rampe führt aus dem Tordurchgang in den Hinterhof, der etwa einen Meter tiefer liegt als die Straße. Die wurde nicht extra für die Gäste eingebaut, sie ist der Überrest einer alten Eisengießerei, die früher hier ansässig war.

78_DIE »RECKENECKE«

Spielhölle ohne Strom

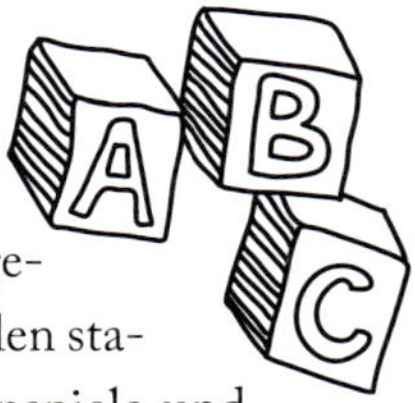

Warum sollte man mit dem Spielen aufhören, nur weil man erwachsen ist? Für Spiele-Fans jeden Alters ist dieser Laden das Eldorado – er bietet laut eigener Aussage »Abenteurers Grundbedarf«. In den Regalen stapeln sich so viele Brettspiele, Pen-and-Paper-Rollenspiele und Tabletops, dass man wahrscheinlich jeden Tag ein neues ausprobieren könnte. Ab dem Grundschulalter sind Käufer und Ausprobierer hier gern gesehen. Tatsächlich kennen die Verkäufer ihre Kunden (die meisten sind Jungs) oft beim Namen.

Anstatt täglich ein neues Spiel zu kaufen, spielen die einfach gemeinsam mit anderen vor Ort. Die hinteren Bereiche der »ReckenEcke« bieten eine gemütliche Rückzugsmöglichkeit dafür. In einer Bibliothek können Rollenspiel-Veteranen Inspirationen für neue Ideen suchen und altes Material ausleihen.

Nach Computerspielen fragt man hier vergebens. Aber auch wer zu Hause gern vor dem PC hockt, findet in der »ReckenEcke« ein Äquivalent aus Pappe: Sammelkarten- und Tauschspiele wie »Magic« sind der neue Trend auf dem Schulhof.

Ahnungslose Eltern bekommen in der »ReckenEcke« einen besonderen Service: Regelmäßig gibt es hier Erklärstunden für Eltern, in denen erläutert wird, wie denn »Magic« funktioniert und ob es dem Nachwuchs schadet. Für Profis bietet die »ReckenEcke« viele Veranstaltungen, Turniere und Sneak Previews auf neue Karten-Sets.

Adresse Martin-Luther-Straße 24, 01099 Dresden-Neustadt, www.reckenecke.de // **ÖPNV** Straßenbahn 11, Haltestelle Pulsnitzer Straße, Straßenbahn 13, Haltestelle Görlitzer Straße/Nordbad // **Öffnungszeiten** Di–Fr 12–19 Uhr, Sa 10–16 Uhr (Spielen bei Veranstaltungen bis 22 Uhr möglich) // ab 10 Jahre

TIPP: Kleine Geschwister, die mit Brettspielen noch nichts anfangen können, schickt man nach nebenan in die »Holzkiste«, wo fein ausgesuchtes Holzspielzeug und ein großes Schleich-Sortiment auf die Jüngsten warten.

79_Der Rutsch-Elefant

Geheimtipp aus Muttis Kindheit

Über diesen kleinen Geheimtipp freuen sich kleinere Kinder, die vom Sightseeing oder Shopping im Stadtzentrum die Nase voll haben. Wer in einem der Restaurants in der Weißen Gasse hinter der Kreuzkirche einen Happen essen oder einen Kaffee trinken will, schickt die Kinder derweil am besten in den Hof.

Auch wenn es nicht danach aussieht, als ob Passanten den unscheinbaren Durchgang zwischen dem »Tapas Barcelona« und dem »Steak Royal« nutzen dürften: Einfach mutig durchgehen, und man entdeckt linker Hand zwischen Wäschestangen und Müllcontainern eine kleine Wiese mit einem Spielplatz in der Mitte.

Tada: Hier haben die Kinder schon zu DDR-Zeiten getobt, nachdem sie mit Mama im Zentrum-Warenhaus hässliche Dederon-Blousons und kratzende Wollstrumpfhosen anprobieren mussten. Immerhin gab es danach ein Vanille-Schoko-Eis in der »Milchbar«, und man durfte noch fix auf den Rutsch-Elefanten klettern.

Der überraschend große und überraschend vielfältig bespielbare Rutsch-Elefant wurde von den DDR-Künstlern Vinzenz Wanitschke und Johannes Peschel 1962 aus Beton gegossen und offenbar in den letzten Jahren runderneuert – so schick, wie er heute aussieht. Auch viele Brunnen und Plastiken in Dresden stammen von den beiden Künstlern – etwa das Planetendenkmal auf der Brühlschen Terrasse. Sie haben sogar zusammen am Wiederaufbau der Frauenkirche mitgearbeitet. In Dresden kennt eben jeder jeden …

Adresse Weiße Gasse/Gewandhausstraße, Zugang über Weiße Gasse 6, 01067 Dresden-Altstadt // **ÖPNV** Straßenbahn 1, 2, 4, Haltestelle Pirnaischer Platz/Haltestelle Altmarkt // 1–8 Jahre

TIPP: Wem die Restaurants in der Weißen Gasse und der Gewandhausstraße nicht zusagen – die meisten Gäste sind Touristen, das lässt sich nicht bestreiten –, der geht um die Ecke ins Eine-Welt-Café »Aha«. Hier gibt es eine gemütliche Spielecke, kleine Gerichte aus regionaler und fairer Herstellung und echt guten Kaffee.

80_DIE SANDDÜNE

Wüstenfeeling im Wald

Die Dresdner Heide ist ein sehr beliebtes Ziel für mittelkurze Wochenendausflüge. Wenn man tiefer hineinläuft, ist man aber schnell so allein wie Rotkäppchen.

Startpunkt für diese sehr einsame Wanderung ist das »Historische Fischhaus«. Etwa 180 Meter oberhalb dieses Restaurants parkt man auf dem Wanderparkplatz und läuft dann in den Wald hinein, auf dem »Doppel-E« nach links. Nach 1,2 Kilometern hält man sich an der Kreuzung mit dem »Hämmerchen« wieder links und biegt nach weiteren 750 Metern links auf den »Diebsteig« ab. Dieser schmale Weg überquert nach etwa 400 Metern die Radeberger Landstraße (Vorsicht, die Autos fahren hier sehr schnell!).

Den letzten Abzweig, der nach wenigen Metern rechts in den Wald hineinführt, darf man nicht verpassen; der schmale Pfad ist zwischen Blaubeerbüschen kaum zu sehen. Nach knapp 250 Metern sieht man sie aber schon zwischen den Kiefern leuchten: eine natürliche Sanddüne auf einer kleinen Lichtung. Vom oberen Rand kann man hier gewagte Stunt-Sprünge üben und etwa zehn Meter im weichen Sand zu Tal rollen. Was für ein Spaß, und den hat man mit ziemlicher Garantie ganz für sich allein!

Diese Düne ist bei Weitem nicht die einzige in der Heide. Das gesamte Gebiet liegt auf Sand, er wird in der Heide und auf dem angrenzenden Heller sogar industriell abgebaut. Diese Sandgruben dürfen nicht betreten werden, aber von ihrem Rand hat man einen schönen Blick über Dresden.

TIPP: Wer Google Maps vertraut (was in der Heide problemlos möglich ist), der sollte unbedingt vor dem Start der Wanderung eine Offline-Karte herunterladen. In der Heide gibt es kaum Handy-Empfang!

Adresse Start der Wanderung: Wanderparkplatz an der Radeberger Landstraße nördlich vom »Historischen Fischhaus«, Fischhausstraße 14, 01099 Dresden-Neustadt; Länge der Wanderung: 2,9 Kilometer einfache Richtung; Rundwanderung zu einem anderen Ausgang nicht empfehlenswert // **ÖPNV** Regionalbus 305, Haltestelle Fischhausstraße, Straßenbahn 11, Haltestelle Wilhelminenstraße, von dort circa 15 Minuten weiter auf Waldweg, am Waldspielplatz »Am Albertpark« vorbei // ab 5 Jahre

81_DER SCHNULLERBAUM

Abschied von der Babyzeit

Für viele Dresdner Familien ist das städtische Krankenhaus etwas Besonderes – hier im Kreißsaal werden jedes Jahr bis zu 1.600 Kinder geboren. Der Spielplatz hinter der Kinderklinik ist auch für gesunde Kinder zugänglich. Das nutzen zahlreiche Familien und Tagesmütter der Umgebung – und das wiederum ist schön für die Kinder, die noch im Krankenhaus bleiben müssen und auf diese Weise ein paar Spielgefährten treffen.

Seit dem Frühjahr 2018 wächst neben Rutsch-Klettergerüst und Nilpferdfamilie ein Schnullerbaum. Große kleine Kinder, die ihn nicht mehr brauchen, können hier ihren Schnuller aufhängen und Abschied von ihrer Babyzeit nehmen.

Der erste deutsche Schnullerbaum wächst seit 2005 in Münster. Dresden gehört zu einer kleinen, aber wachsenden Gemeinschaft von Städten, in denen Kinder ihren Schnuller nicht in den Müll werfen oder nachts von der Schnullerfee weggenommen bekommen.

Im Gegenteil: Die Kleinen hängen ihren Schnuller selbst an einen Ast und verabschieden sich von ihm. Wer Sehnsucht bekommt, kann zum Schnullerbaum gehen und »seinen« Schnuller besuchen. Dabei sehen die Kinder, wie viele andere Kinder ebenfalls auf den Schnuller verzichtet haben – und in der Theorie fällt ihnen der Verlust dann weniger schwer.

TIPP: Apropos Nostalgie: Gleich um die Ecke vom Krankenhaus wartet an der Aachener Straße ein Spielplatz mit coolen Spielgeräten im DDR-Look. Wir hoffen mal, dass das keine Originale sind ...

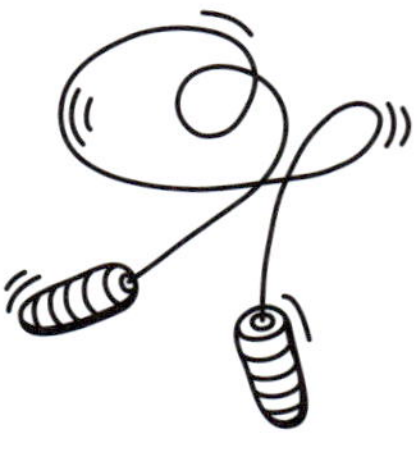

Adresse Industriestraße 40, 01129 Dresden-Trachau, Zugang zum Spielplatz: vom Haupteingang an der Kinderklinik vorbei oder durch den Hofdurchgang der Kopernikusstraße // **ÖPNV** Bus 70, 80, Haltestelle Krankenhaus Neustadt // 1 – 3 Jahre

82_DAS SCHWARZE TOR

Gruselige Stadtgeschichte

Beim nächsten »öden« Stadtbummel können Eltern ein Grusel-Ass aus dem Ärmel holen: die Geschichte von Lips Tullian, dem schlimmsten Räuber Sachsens.

An das Schwarze Tor an der nördlichen Stadtgrenze Dresdens erinnert nur noch ein Straßenname: Eine kurze Sackgasse hinter dem Albertplatz trägt es im Namen. Von hier liefen am 8. März 1715 mehr als 20.000 Dresdner zum heutigen Alaunplatz, der damals eine schlichte Sandfläche war. Unter Beifall wurden Lips Tullian und seinen Kumpanen dort die Köpfe abgeschlagen. Damit kamen sie glimpflich davon – das Gericht hatte sie eigentlich zum Tod durch Rädern und Vierteilen verurteilt.

Seine geraubten Schätze hatte Lips Tullian jahrelang in einer Höhle im Tharandter Wald versteckt. Der gerissene Räuber spazierte derweil unter falschem Namen den Dresdnern vor der Nase herum und spionierte die Häuser reicher Adeliger aus. Seine Räuberkumpane, die »Schwarze Garde«, raubte sie dann aus.

Mehrmals gelang es August dem Starken, Lips Tullian zu fangen, aber immer wieder konnte der Räuber fliehen. Sein Ende kam trotzdem. Nach tagelanger Folter gestand Lips Tullian die Verbrechen, an die er sich noch erinnerte – es waren über 40. Dafür wurde er zu einem grausamen Tod verurteilt. Der Kurfürst zeigte sich aber gnädig, weil der Bösewicht viele seiner Kumpane verriet. Die Räuberei in Sachsen war damit beendet. Nur die geraubten Schätze fand man nie. Wetten, nach dieser Erzählung findet niemand mehr Geschichte langweilig?

Adresse Am Schwarzen Tor, 01097 Dresden-Innere Neustadt // ÖPNV Straßenbahn 3, 7, 8, Haltestelle Albertplatz, Straßenbahn 13, Haltestelle Alaunplatz // ab 4 Jahre

TIPP: Lips Tullians legendäre Diebeshöhle, in der er seine geraubten Schätze versteckte, liegt im Tharandter Wald nahe Naundorf – und zufällig genau im geografischen Mittelpunkt Sachsens.

83_DIE SCHWEBEBAHN

Hoch über Dresden schweben

Eine Bergbahn mitten in der Stadt – das ist selten. Dresden hat gleich zwei: Am Körnerplatz befördert die Standseilbahn seit 1895 Erholungsbedürftige hinauf ins Villenviertel Weißer Hirsch. Sie ist eine der ältesten Bergbahnen Europas. Nur wenige Meter weiter kann man in die Schwebebahn steigen, die ihre Passagiere nach Oberloschwitz schweben lässt. Zwischen den beiden Bergstationen liegt ein schöner, wenn auch anstrengender Spaziergang von etwa 30 Minuten.

Um eine Schwebebahn handelt es sich bei unserer Schwebebahn streng genommen gar nicht. Sie schwebt nämlich nicht magnetisch, sondern hängt an einer Schiene. Trotzdem gilt die Bergbahn, die seit 1901 auf einer Strecke von 274 Metern eine Steigung von 84 Meter bezwingt, als ingenieurtechnische Meisterleistung und ist die erste Bergschwebebahn der Welt. Einer der Wagen startet immer oben am Berg und zieht dadurch den anderen nach oben. In der Mitte der Strecke treffen sich die Waggons.

Fußgänger, die auf den steilen Wegen des Stadtviertels Loschwitz spazieren und die von Blumen berankten Künstlerhäuser bewundern, erschrecken mitunter, wenn auf dem Veilchenweg der Waggon der Schwebebahn plötzlich wenige Meter über ihren Köpfen dahingleitet.

Das Schönste an der Schwebebahn ist für die Kinder das Schweben – für Eltern ist es der phantastische Ausblick von der Plattform der Bergstation, die erst 2002 hinzugefügt wurde. Ungewöhnlicher Instagram-Schnappschuss von Dresden gesucht? Hier ist er.

TIPP: Nach dem Besuch der Aussichtsplattform sollte man unbedingt noch das kleine Schwebebahn-Museum in der Bergstation anschauen!

Adresse Talstation der Standseilbahn: Körnerplatz 3; Talstation der Schwebebahn: Pillnitzer Landstraße 5, 01326 Dresden-Loschwitz // ÖPNV Bus 61, 63, 84, Haltestelle Körnerplatz, Bus 84, Haltestelle Obere Schwebebahn // Anfahrt Standseilbahn: Mo–Fr 6.30–22 Uhr alle 10–15 Minuten, Sa, So 9–21 Uhr alle 15 Minuten; Schwebebahn: täglich 9.30–20 Uhr alle 15 Minuten; Tickets: einfache Fahrt für Erwachsene 4 Euro, einfache Fahrt für Kinder 2,50 Euro, Familienkarte 12,50 Euro (2 Erwachsene, 4 Kinder); Mitnahme von Kinderwagen und maximal 7 (in der Standseilbahn) beziehungsweise 4 Fahrrädern (in der Schwebebahn) erlaubt // ab 3 Jahre

84_DAS »SCHWERELOS«-RESTAURANT

Achterbahn-Dinner im Weltraum-Look

Nein, im Restaurant »Schwerelos« speist man nicht im luftleeren Raum. Trotzdem wähnt man sich als Gast nicht mehr auf dieser Welt, sobald man aus dem Fahrstuhl gestiegen ist, der die Gäste in den obersten Stock des Kugelhauses bringt.

Das witzig geformte Haus ist die perfekte Heimat für das Erlebnisrestaurant im Achterbahn-Stil. Das Essen selbst ist keine kulinarische Offenbarung, wobei die Speisekarte auf dem Bestell-Tablet (cool!) mit einigen Überraschungen aufwartet. Hier gibt es keine »Pommes mit Chicken Wings«, stattdessen haben viele Gerichte Weltraum-Namen. Auch an die Kleinsten ist gedacht: Auf der Karte stehen Babybrei und Windeln (!).

Weltraum-Abenteuer spielen im »Schwerelos« die Hauptrolle. Überall stehen lebensgroße Figuren von R2-D2, C-3PO oder Boba Fett herum, die größere Kinder aus dem Kino kennen. Für nostalgische Eltern (wer kennt noch »Star Trek – The Next Generation«?) findet sich ein Captain Picard. Die Hauptattraktion im »Schwerelos« ist aber das Servieren des Essens. Wenn die vielen kleinen Töpfe auf riesigen Achterbahn-Schleifen von der Decke zu den einzelnen Tischen herabgefahren kommen, sitzt jedes Kind voller Aufmerksamkeit auf seinem Platz!

Selbst mit Reservierung gibt es keine Sitzplatzgarantie, außer ihr zahlt zehn Euro extra. Nicht jeder Tisch im »Schwerelos« hat seine eigene Achterbahn-Station. Der beste Tisch ist Tisch fünf: Dorthin gelangt das Essen über einen waghalsigen Looping – auch die Suppe!

Adresse Wiener Platz 10, 01069 Dresden-Südvorstadt, www.rollercoaster-dresden.de // **ÖPNV** Straßenbahn 3, 7, 10, Haltestelle Hauptbahnhof // **Öffnungszeiten** Mo–So 11–23 Uhr // ab 4 Jahre

TIPP: Direkt gegenüber vom Kugelhaus liegt der Hauptbahnhof. Auch dort trifft man viele Familien an; das Marché-Restaurant in der Haupthalle mit seinen zwei Kinderecken ist ein beliebter Treffpunkt zum kinderfreundlichen Brunchen.

85_DIE SEMPEROPER

Hochkultur kindgerecht

Die prachtvollen Aufführungen am Abend mögen für die Kleinen zu lang und (Verzeihung) zu öde sein. Aber tagsüber werden in der Semperoper spannende Führungen für Kinder angeboten. Die Themen richten sich nach dem Alter: Es geht um Märchenfiguren in den Opernaufführungen, um die fünf Sinne oder um den Alltag einer Ballerina.

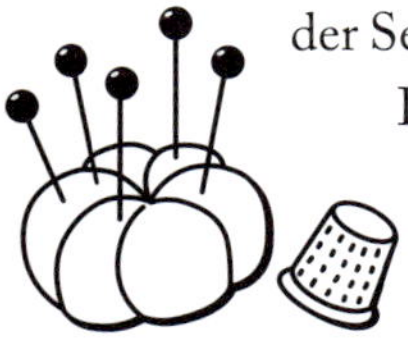

Gleich nach der Begrüßung wartet die erste Überraschung: Eltern und Kinder werden getrennt durch die Oper geführt. Schließlich soll sich niemand langweilen. Das tut zumindest in der Kindergruppe keiner. Guide Thomas nimmt aus seinem Geigenkoffer ein Stück Blattgold, das alle in der Hand wiegen dürfen. Wer hätte gedacht, dass für die gesamte Ausstattung der Semperoper nur 1,7 Kilogramm Gold gebraucht wurden?

Im Zentrum des Dresdner Barocks ist mehr Schein als Sein: die Maserung der Marmorsäulen nur aufgemalt, unter dem Putz keine alten Mauern, sondern moderne massive Stahlträger.

Auf der großen Bühne werden gerade die Kulissen für die Abendvorstellung aufgebaut. Der riesige Vorhang (anfassen bitte) verdeckt die Arbeiten nur halb. Thomas offenbart weitere Geheimnisse: wie das große Bild auf den Vorhang kam und dass es nicht mit Farbe, sondern mit Kaffee und einem Wischmopp aufgetragen wurde. Und dass viele Kostüme ebenfalls nur aufgemalt werden – das geht schneller. Wenn die Kinder nach 45 Minuten wieder auf ihre Eltern treffen, sind sie ein ganzes Stück klüger. Und sie wollen dringend eine »richtige« Aufführung besuchen.

TIPP: Seit 2016 lädt hinter der eigentlichen Semperoper die Spielstätte »Semper Zwei« gezielt junge Menschen zum Kulturgenuss ein. Auf einer kleinen Bühne werden hier Opern und Ballettstücke für Kinder aufgeführt.

Adresse Theaterplatz 2, 01067 Dresden-Altstadt, www.semperoper-erleben.de // **ÖPNV** Straßenbahn 1, 2, 4, 7, 11, 12, Bus 62, 75, Haltestelle Postplatz // **Öffnungszeiten** Führungen (Treffpunkt am Haupteingang): an ausgewählten Terminen, jeweils 13.45 oder 14.45 Uhr, maximal 15 Kinder pro Gruppe, Buchung online unter www.semperoper-erleben.de oder an der Vorverkaufsstelle Schinkelwache; Tickets: Erwachsene 11 Euro, Kinder ab 6 Jahre 7 Euro, Familienkarte 25 Euro // ab 4 Jahre

86_DIE SOMSDORFER KLAMM

Klettersteig ohne Gebirge

Ein Geheimtipp für Kinder, die gern klettern, versteckt sich im Rabenauer Grund. Hier fließt die Rote Weißeritz – nur die karge Vegetation und die sauber verfugten Flussufer deuten darauf hin, dass sie sich beim Jahrhunderthochwasser von 2002 in einen reißenden Strom verwandelte.

Heute überquert man hinter dem Freizeitzentrum »Hains« die Weißeritz auf einer neuen Brücke, biegt links auf den Energie-Lehrpfad ein und läuft knapp 150 Meter bis zur Mündung eines kleinen Baches. Dort biegt der Weg zur Somsdorfer Klamm – markiert mit einem gelben Strich – rechter Hand zu den fast 80 Meter hohen Felswänden ein, die den Rabenauer Grund im Norden abschließen. Auf einem immer enger werdenden Pfad stapft man über umgestürzte Bäume, schmale Metallgitter und steigt schließlich eine unglaublich steile, lange Treppe etwa 40 Meter hinauf. Vor allem bei oder nach Regen ist Vorsicht geboten!

Oben wartet auf der »Teufelskanzel« ein Picknickplatz, von dem aus man in der Ferne die Häuser von Tharandt erblickt; weit unten im Tal rauscht die Weißeritz. Von hier führt der Weg mit dem gelben Strich in einem Seitental hinab zurück auf den Spazierweg.

Wer noch nicht genug hat, kann von der Teufelskanzel wieder nach unten steigen und dem Energielehrpfad folgen. Dann gelangt man zur »Himmelsleiter«, dem »Predigtstuhl«, dem »Nadelöhr« und zu anderen kleinen Felsformationen, die auch beklettert werden können.

Adresse Start der Wanderung: Freital Weißeritzpark/FEZ Hains (ausgeschildert), 01705 Freital; Länge: circa 2,5 Kilometer, Dauer: etwa 45 Minuten; kleinere Kinder festhalten und den Aufstieg auf die Teufelskanzel weglassen // ÖPNV Regionalbus A (Abfahrt in Dresden-Löbtau, Haltestelle Gröbelstraße), Haltestelle Freital Weißeritzpark // ab 5 Jahre

TIPP: Das »Hains«, ein Spaßbad mit einer riesigen Rutsche, bietet nach der Wanderung noch mehr Gelegenheit zum Auspowern. Im Winter gibt es außerdem eine Eislaufbahn.

87_DER »SOPHIENKELLER«

Königlich speisen im Karussell

Nach all den Sehenswürdigkeiten ist ein wenig »Bildung zum Anfassen« willkommen. Dafür bietet sich der »Sophienkeller« an, direkt in der Mitte zwischen Zwinger und Residenzschloss im Keller des Taschenbergpalais.

Wie Kurfürst August der Starke kann man hier speisen und sich dabei prächtig unterhalten lassen. Über eine lange Wendeltreppe nach unten erreicht man die Eingangstür. Mystisch violett angestrahlt, liegt dort in einem Brunnen das Skelett der Magdalena Sibylla von Rochlitz. Im Alter von 19 Jahren starb sie an den Pocken, nicht ohne zuvor ihren Geliebten, Kurfürst Johann Georg, anzustecken. Der starb ebenfalls und machte den Weg frei für seinen jüngeren Bruder. August der Starke ließ die Leiche der armen Magdalena einfach vor die Stadtmauer werfen, nachdem er sie der Hexerei überführt und alle an sie verschenkten Reichtümer zurückgeordert hatte.

Nach diesem schaurigen (nicht historisch geprüften!) Intro eröffnet sich ein überraschend großes Kellergewölbe. In den einzelnen Restaurantbereichen geht es lustig zu. Nicht nur Touristen sitzen an den langen Bänken im »Zunftgewölbe« oder auf dem Karussell im »Zeithainer Lustlager« und lauschen den Späßen von Gauklern oder der Lautenmusik der Musikanten, während sie deftiges Spanferkel, frisch gebackenes Brot oder sächsische Quarkkäulchen vertilgen. Wem die königliche Kinderspeisekarte keinen Appetit macht, der erkundet einfach die vielen Räume, die mit historischen Waffen, Folterwerkzeugen und Alltagsgegenständen gespickt sind.

TIPP: Selbst Hunde sind im »Sophienkeller« willkommen – sie können aus einer eigenen Speisekarte wählen!

Adresse Taschenberg 3, 01067 Dresden-Innere Altstadt, Eingang an der Sophienstraße gegenüber Zwinger, www.sophienkeller-dresden.de // **ÖPNV** Straßenbahn 1, 2, 4, 8, 11, 12, Bus 94, Haltestelle Postplatz // **Öffnungszeiten** täglich 11 – 1 Uhr // ab 2 Jahre

88_DER SPIELPLATZ AM HEILIGEN BORN

Die längste Rutsche der Stadt

Ob es wirklich die längste Rutsche ist, die im beschaulichen Leubnitz-Neuostra am steilen Ufer des Koitzschbachs hinabführt? Von der Stadt Dresden gibt es kein offizielles Statement. Geschätzt ist sie 15 Meter lang, und es gibt reichlich Konkurrenz auf den Spielplätzen im Stadtgebiet.

Der Spielplatz an der Heiligenbornstraße ist nicht nur wegen der Rutsche einen Besuch wert. Hier hat jemand gut aufgepasst, was Familien beim Spielplatz-Ausflug brauchen: Das geht beim Parkplatz für Roller los, reicht über die schattenspendenden Eichen und Extra-Pergolas über den Sitzbänken und endet noch nicht bei den ungewöhnlichen Spielgeräten. Hier steht eines der wenigen Karussells in Dresden, das gleichzeitig beklettert werden kann. Wackelplatten und ein Sandkasten mit Flaschenzug stellen weitere Bedürfnisse von Motorik-Künstlern und Bauarbeiterinnen zufrieden.

Am schönsten ist der Leubnitzbach, der selbst zum Spielen einlädt: mit seinen in steinerne Stufen gefassten, leicht zu bekletternden Ufern, hineingesetzten Trittsteinen, seichten Stellen zum Pritscheln und einer Brücke zum Pu-Stöcke-Werfen.

Die superlange Rutsche thront als Highlight über allem und ist gewiss eine beliebte Mutprobe. Besorgte Eltern können beruhigt sein: Die Rutsche hat den Ängstliche-Mutter-Test bestanden und ist auch für kleine Kinder ein großer Spaß.

Adresse Heiligenbornstraße 13, 01219 Dresden-Leubnitz // ÖPNV Bus 75, Haltestelle Klosterteichplatz // Anfahrt auf der Dohnaer Straße stadtauswärts, dann rechts abbiegen auf die Spitzwegstraße und nach dem Penny-Markt links auf Neuostra; Achtung: Name des Spielplatzes bei Google Maps »Am Koitzschbach« // ab 2 Jahre

TIPP: Wem die Rutsche nicht lang genug war, der kann gleich um die Ecke auf der Geystraße (20 Minuten zu Fuß) seinen Mut auf einer weiteren ziemlich langen und außerordentlich steilen Rutsche beweisen.

89_DIE STADT-(VER)FÜHRUNG

Schnitzeljagd durch Dresden

Warum nicht aus einem Stadtbummel eine spannende Schnitzeljagd machen? Weil Anja Gena nicht für jede Familie selbst mit Hinweisfähnchen vorauslaufen kann, hat sie elf Briefe geschrieben. Die liegen in einer handlichen Box und sind fest verschlossen – öffnen kann man sie erst, wenn man den vorherigen Hinweis gefunden und die Aufgabe dazu gelöst hat.

Das können knifflige Aufträge sein wie »Wann wurde dieses Denkmal errichtet?« oder einfachere wie »Zählt die Buchstaben in der Inschrift auf dem Sockel«. Am Ende steht immer eine Zahl, die verrät, welcher Umschlag als nächster zu öffnen ist. So arbeitet man sich Brief für Brief von Sehenswürdigkeit zu Sehenswürdigkeit. Vor allem für jüngere Kinder ist das Suchen der Aufträge viel aufregender als die gefundenen Gebäude und Denkmäler. Wer trotzdem interessiert ist, der bekommt in den Briefumschlägen die nötigen Informationen.

Das Stadtspiel »Altstadt for Kids« führt vom Reiterdenkmal König Johanns am Theaterplatz über Neumarkt und Frauenkirche zum Zwinger. Eine weitere Kinder-Version ist für die Neustadt konzipiert; dort sind extra viele Spielplatztipps mit drin.

Sollten die Kids zwischendurch die Lust verlieren, lässt sich die Stadt(ver)führung jederzeit unterbrechen – oder man nimmt die Abkürzung, die zwischendrin angeboten wird.

Adresse Start des Altstadt-Stadtspiels: Theaterplatz vor der Semperoper, 01067 Dresden-Innere Altstadt // ÖPNV Straßenbahn 1, 2, 4, 6, 7, 12, Bus 62, 75, Haltestelle Postplatz // Öffnungszeiten Dauer: 3–4 Stunden; Kosten: 24 Euro beziehungsweise 29 Euro (dann in edler Metallbox statt Pappe); Onlineshop: www.stadtspiel-dresden.de, zu kaufen in vielen Dresdner Tourist-Informationen // ab 5 Jahre

TIPP: Sollte man sich doch einmal verzählt haben und nicht weiterwissen, gibt es in jeder Stadt(ver)führungs-Box einen Notfall-Umschlag, in dem die Auflösung verraten wird. Aber nicht den Kindern erzählen!

90_DIE STERNWARTE

Sternengucker am Weinberg

Hoch über dem Schloss Wackerbarth thront die Teleskopkuppel der Volkssternwarte Radebeul. Vorbei an schnurgerade aufgereihten Rebstöcken, wo Riesling, Traminer oder Scheurebe auf die Ernte warten, geht es stetig bergan, bis man einen großen orangeroten Ball bemerkt. Die Kids staunen, wenn sie am Planetenmodell die Größenverhältnisse zwischen Sonne und Erde ermessen. Um die Ecke wartet ein Hohlspiegel in Kinderhöhe – Achtung, bei Sonnenschein besteht Verbrennungsgefahr! Die Sternwarte Radebeul nimmt Besucher schon gefangen, bevor sie einen einzigen Blick in Richtung Sterne getan haben.

Das holen sie im Gebäude nach. Hier wartet ein echtes Planetarium. Das heißt: Man kann nicht nur abends durch ein Teleskop in den Sternenhimmel hinaufschauen, sondern auch tagsüber. Eine Full-Dome-Projektionsanlage der Firma Zeitz erzeugt alle Sternbilder und Himmelsphänomene, die man sich wünschen kann. Das »Skymaster ZKP 4« arbeitet als weltweit erster Planetariumsprojektor mit LEDs. Bei der Familienvorführung reist man virtuell von der Erde bis zum Pluto.

Wenn das Licht des Projektors erloschen ist, wollen viele Besucher noch lange nicht gehen; zu spannend sind die ausgestellten Objekte wie ein echter Meteorit, Mondstaub oder das Foucaultsche Pendel.

Selbst wenn die Sternwarte gerade geschlossen sein sollte – der kurze Spaziergang auf ihre Aussichtsterrasse lohnt sich allein für den Ausblick auf die Weinberge. Die Ausstellungsobjekte im Garten sind ohnehin immer zugänglich.

TIPP: Gleich nebenan wartet die Straußwirtschaft am »Steinrücken« im Sommer und Frühherbst auf Weinfreunde. Es gibt natürlich auch alkoholfreie Getränke für kleine Sterngucker!

Adresse Auf den Ebenbergen 10, 01445 Radebeul, www.sternwarte-radebeul.de // **ÖPNV** S-Bahn S 1, Haltestelle Radebeul Zitzschewig und circa 20 Minuten Fußweg // **Anfahrt** von Dresden-Trachau über Meißner Straße, rechts abbiegen auf Moritzburger Straße, dann links auf Mohrenstraße (Sackgasse) // **Öffnungszeiten** Garten und Aussichtsterrasse immer, Sternwarte Fr ab 19 Uhr und Sa ab 15 Uhr (Familienplanetarium); Eintritt für die Familienplanetarium-Show: Erwachsene 6 Euro, Kinder bis 12 Jahre 1 Euro, SchülerInnen 3 Euro, Familienkarte 14 Euro; Dauer: 1 Stunde, empfohlen für Kinder ab 6 Jahre // ab 5 Jahre

91_DIE STOLPERSTEINE

Dresdens dunkle Vergangenheit

In ganz Dresden, von Weixdorf im Norden bis Prohlis im Südosten, sind Messingsteine in der Größe normaler Pflastersteine ins Pflaster eingelassen, meistens vor Hauseingängen. Die Steine markieren die letzten Wohnorte von Dresdnern, die während der Herrschaft der Nationalsozialisten verhaftet und in Gefängnisse oder Konzentrationslager gebracht wurden. Viele Dresdner schauten damals lieber weg – oder unterstützten die Nazis sogar. Die waren in Dresden sehr fleißig und feierten 1942, dass die Stadt nun »judenfrei« wäre.

Unter dem Motto »Es waren unsere Nachbarn« verteilt der Berliner Künstler Gunter Demnig seit 2009 immer neue Stolpersteine in Dresden. Auf jedem ist der Name eines jüdischen Bewohners von Dresden markiert, der an dieser Stelle wohnte. Vermerkt sind auch das Geburtsdatum und das Datum, an dem die Nazis kamen und ihn oder sie abtransportierten – und ermordeten.

Dresden ist nicht die einzige Stadt mit Stolpersteinen. Gunter Demnig hat seit 1992 fast 70.000 Steine hergestellt und verlegt – in über 1.200 Orten in Deutschland und in 24 Ländern Europas. Die Stolpersteine sind sozusagen das größte dezentrale Kunstwerk der Welt.

Manche Eltern meinen, so ein Stolperstein sei kein Kinderthema. Spätestens wenn sie den Stein an der Seestraße 7 finden, auf dem die Namen von Jutta und Tana Schneck vermerkt sind, die 1942 im Alter von zwei und drei Jahren zusammen mit ihrer Mutter und ihren beiden Tanten nach Auschwitz deportiert und vergast wurden, ist es eins. Garantiert.

Adresse Seestraße 7, 01067 Dresden-Innere Altstadt und im ganzen Stadtgebiet, Übersichtskarte unter www.stolpersteine-dresden.de // ab 4 Jahre

TIPP: Heute gibt es in Dresden wieder eine aktive jüdische Gemeinde. Begegnen kann man ihren Mitgliedern in der Neuen Synagoge am Rathenauplatz oder im Gemeindezentrum des Hatikva-Vereins neben dem Alten Jüdischen Friedhof an der Pulsnitzer Straße, wo auch für Kinder zahlreiche Veranstaltungen angeboten werden.

92_DAS TASCHENBERG-PALAIS

Fürstlich schlittern

Einmal über das Eis gleiten wie Eiskönigin Elsa, das ist der Traum vieler kleiner Mädchen. Wie toll, wenn man den verwirklichen kann – mitten im historischen Stadtzentrum!

Auch anderswo in Dresden kann man Schlittschuh laufen. Aber im fürstlich-eleganten Ambiente des »Hotel Taschenberg Kempinski« wartet gleich eine der größten Eisflächen der Stadt!

Das erste Haus am Platz gibt sich in der Winterzeit betont offen: Alle sind willkommen zwischen den jahrhundertealten Mauern des Taschenbergpalais, das König August der Starke für seine Mätresse, die Gräfin Cosel, errichten ließ. Nachdem die arme Gräfin in Ungnade gefallen und auf die Burg Stolpen verbannt worden war, ließ der Kurfürst das Gebäude zum »Türckischen Palais« im orientalischen Stil umbauen. Die Kronprinzen nach August bauten noch jahrhundertelang emsig an und aus. Wie schön das Taschenbergpalais damals ausgesehen hatte, zeigte sich nach dem Wiederaufbau der Ruine, die von 1945 bis 1992 hier vor sich hin verfiel. Seit 1995 ist das Grandhotel Sachsens erstes Fünf-Sterne-Luxushotel.

Die Leih-Schlittschuhe – klassische Lederstiefel statt modischer Plastikflitzer – passen eher zum Ambiente als die Schiebe-Pinguine. Aber die brauchen zumindest die Anfänger, weil sie bei den Runden um den glitzernden Weihnachtsbaum sonst ständig stolpern würden. Richtige Elsa-Fans ziehen ihre Bahnen eleganter, und manchmal hört man sie summen: »Ich lass los, lass jetzt los ...«

TIPP: Eiskalte Erfrischung nach dem Eislaufen bietet die »IceRollsFactory« in der nahe gelegenen Schössergasse.

Adresse Taschenberg 3, 01067 Dresden-Innere Altstadt, direkter Zugang zur Eisbahn über Kleine Brüdergasse // **ÖPNV** Straßenbahn 1, 2, 4, 7, 11, 12, Bus 62, 75, Haltestelle Postplatz // **Öffnungszeiten** Ende Nov.–Ende Jan./Anfang Feb. Mo–Fr 15–22 Uhr, Sa, So, Feiertage 11–22 Uhr, außer am 24. und 31.12.; Eintritt: Erwachsene 8 Euro, Kinder 5 Euro, Schlittschuh-Leihe 4 Euro // ab 3 Jahre

93_DER THARANDTER WALD

Auf Abenteuerpfaden

Der rund 6.000 Hektar große Tharandter Wald im Süden Dresdens diente schon Kurfürst August von Sachsen zur Erholung und ist offiziell der »schönste Wald Sachsens«. Gleich am Rand, beim Örtchen Grillenburg, warten drei spannende Wanderwege auf abenteuerlustige Kinder: Sie können auf dem »Holzweg« etwas über ihn lernen oder auf dem »Sinnespfad« die eigenen Sinne ausprobieren. Die dritte Option ist der »Abenteuerpfad«: Er führt auf schmalen Waldwegen über Stock und Stein, vorbei an einer Waldhütte und zwischendurch sogar über umgestürzte Baumstämme, die quer über die Triebisch gefallen sind.

Obwohl der Pfad schon nach 500 Metern wieder auf den Hauptweg trifft, fühlt man sich für eine Weile wirklich wie Hänsel und Gretel. Passenderweise versteckte sich einer der schlimmsten Räuber Sachsens, Lips Tullian, am liebsten im Tharandter Wald – nur knapp fünf Kilometer von Grillenburg hatte er sein Lager im Tännichtgrund.

Während ihr den Kindern Schauergeschichten erzählt, könnt ihr den märchenhaften Wald erkunden. Im Bächlein kann gepritschelt und gekeschert werden; aus Treibholz und Steinen werden kleine Kunstwerke oder Staudämme. Wer Schnitzmesser und Schnur dabeihat, kann sich als Schiffchenbauerin Anerkennung verdienen, und ein Bestimmungsbuch plus Lupe für Bäume, Wildpflanzen oder Insekten kann auch nicht schaden.

TIPP: Ein paar Meter vom Start der Wanderung entfernt wartet der Grillenburger Gondelteich mit Eisdiele und Leih-Ruderbooten. Am südlichen Ende fließt er in den naturbelassenen Grillenburger Badeteich, dort kann (ohne Eintritt) auch »richtig« gebadet werden.

Adresse Startpunkt: Parkplatz in 01737 Grillenburg, Länge der Wanderung: circa 500 Meter // ÖPNV S-Bahn S3, Haltestelle Tharandt, von dort mit dem Fahrrad weiter (steil bergauf!) // Anfahrt von Dresden über Tharandt, dann den Abzweig nach Grillenburg nehmen (Freiberger Straße/Hauptstraße) und in Grillenburg auf dem großen Parkplatz links von der Straße parken; circa 200 Meter an der Straße entlanglaufen und dann rechts hinab und in den Wald einbiegen, Waldpfade zweigen vom Grunder Weg nach rechts ab und treffen wieder auf den Triebischweg // ab 3 Jahre

94_DAS THEATER JUNGE GENERATION

Kultur (nicht nur!) für Kinder

Schon seit 1949 gibt es das theater junge generation in Dresden. Nicht nur Kinder sind von den phantasievollen Inszenierungen begeistert. Am beeindruckendsten ist, wie das tjg den Spagat zwischen den Generationen schafft: Alle Rollen werden von Erwachsenen gespielt, auch die Kinderfiguren. Und das wirkt nie lächerlich.

Außerdem fasziniert das Puppenspiel, das seit 1997 zum tjg gehört: Weit entfernt von Kasperle-Klamauk hantieren die Profis so geschickt mit ihren Puppen (die auch mal aus einem Sofa, Bettlaken oder einer Stehlampe bestehen können), dass man die Inszenierung total vergisst. Kein Wunder, dass auch Erwachsene ohne Kinder die Vorstellungen besuchen.

Auch die Kleinsten kommen her: Im »Theater auf der Treppe« bringt man ihnen die Bühne schon ab zwei Jahren nahe. Die Größeren scheinen es ebenfalls zu mögen; viele Teenies im Publikum sind ein Beleg dafür. Ein Familiensonntag im theater junge generation ist ein legendär guter Schlechtwetter-Tipp!

Das größte Kinder- und Jugendtheater Deutschlands ist zu fast 90 Prozent ausgelastet. Spätestens seit dem Umzug in das Kraftwerk Mitte, wo die jungen Zuschauer auf das ältere Publikum der Staatsoperette treffen, bietet das tjg genug Platz für seine Fans und ist auch von außen eine echte Attraktion. Da macht bereits der Toilettenbesuch Laune!

TIPP: Die Vorstellungen im tjg sind oft lange im Voraus ausverkauft. Trotzdem kann man der Spielstätte im Stadtzentrum mal einen Besuch abstatten, das sanierte »Kulturkraftwerk« bewundern und einen Happen im wunderschönen Bistro »T1« im alten Pförtnerhäuschen einnehmen.

Adresse Kraftwerk Mitte 1, 01067 Dresden-Innere Altstadt, am Wettiner Platz, www.tjg-dresden.de // **ÖPNV** S-Bahn S 1 und S 2, Straßenbahn 1, 2, 6, 8, 10, 11, Bus 75, Haltestellen Koreanischer Platz/Bahnhof Mitte/ Schweriner Straße; Eintrittskarten 4 Stunden vor und bis 6 Stunden nach der Vorstellung als ÖPNV-Tickets gültig // **Anfahrt** Parkmöglichkeiten auf dem großen Parkplatz Kraftwerk Mitte (Löbtauer Straße 21) // **Öffnungszeiten** Theaterkasse: Mo–Fr 10–18 Uhr, Sa 16–18.30 Uhr, in den Sommerferien Spielzeitpause; Tickets: Erwachsene 12 Euro, Kinder bis 14 Jahre 5,50 Euro; Theater für die Allerkleinsten: Erwachsene 5 Euro, Kinder 3,50 Euro; deutliche Rabatte für Inhaber der Familiencard (12 Euro) oder der Jugendcard (5 Euro) // ab 2 Jahre

95_DIE TRINITATISKIRCHE

Eine Kirche für die Jugend

Jahrzehntelang war die Trinitatiskirche eine Ruine. Der 65 Meter hohe Kirchturm, umgeben vom Gerippe der historischen Mauern, ragt als mahnender Finger zwischen den Neubauten der Johannstadt auf.

Die DDR-Führung wollte die Reste der Trinitatiskirche eigentlich abreißen lassen. Die Johanneskirchgemeinde verhinderte das, indem sie in der Ruine einen Gottesdienstraum einrichtete und das Gelände in Eigeninitiative von Trümmern befreite. »Seht ihr, die Kirche funktioniert noch!«, wollte sie zeigen.

Die Kirche funktioniert bis heute, allerdings mehr schlecht als recht: Gottesdienste und Konzerte finden mangels Dach unter freiem Himmel statt. Die Open-Air-Kirche ist bekannt und beliebt bei den Dresdnern.

Zum 125. Geburtstag bekam die Kirche eines der schönsten Geschenke: eine Bauzusage. Ab 2020 soll die Trinitatiskirche endlich ein Dach erhalten. Und noch mehr: Eines der größten Dresdner Architekturbüros will der Kirche mit viel Glas und Stahl ein neues Innenleben verleihen. Auch der Inhalt wird dann anders: Die Trinitatiskirche soll eine Jugendkirche werden, offen für alle ab 13 Jahren, unabhängig von ihrem Glauben. Ein Café, ein Bandprobenraum, ein Raum der Stille – Ideen für die Gestaltung der Jugendkirche gibt es viele. Die Architekten haben ihr Konzept gemeinsam mit den Jugendlichen entwickelt. Die Eltern sind gespannt, was »der Jugend von heute« einfallen wird. Hoffentlich mehr als Instagram-Selfies!

Adresse Trinitatisplatz, 01307 Dresden-Johannstadt, www.jz-trini.de // ÖPNV Straßenbahn 6, Haltestelle Trinitatisplatz // Öffnungszeiten Jugendzentrum in der Kirche: Di–Fr 13–18 Uhr // 10–18 Jahre

TIPP: Auf dem angrenzenden Trinitatisfriedhof liegen einige Dresdner Prominente wie der Maler Caspar David Friedrich und der Mediziner Carl Gustav Carus begraben. Lasst eure Teenies mal nach Lili Elbe googeln, deren/dessen Grabstein erst nach dem Dreh des Films »The Danish Girl« wieder auf dem Friedhof aufgestellt wurde!

96_DAS VERKEHRSMUSEUM

Führerschein für die Jüngsten

Das Verkehrsmuseum am Neumarkt ist eines der beliebtesten Museen der Stadt. Es bietet für kleine und große Kinder eine Menge zum Anschauen. Immer viel los ist an der riesigen Modellbahn-Anlage, die mit ihren 325 Quadratmetern und 225 Loks und Waggons eine der größten der Welt ist. Hier kann man wirklich endlos zuschauen.

Es gibt aber noch einen anderen Grund, warum Familien immer wiederkommen: Man kann im Verkehrsmuseum selbst sehr aktiv werden. Das beginnt schon im Ausstellungsbereich zur Geschichte des Automobils, wo sich jeder, der groß genug ist, auf ein Hochrad schwingen kann (kein Wunder, dass es sich als Massenverkehrsmittel nicht durchgesetzt hat!). Im Luftfahrtbereich können Kinder ausprobieren, warum Flugzeuge fliegen, und am Flugsimulator selbst im Cockpit sitzen. Und in der Schifffahrts-Ausstellung gestaltet man am großen Display sein eigenes Schiff, das dann in einer Regatta gegen andere Schiffe antreten kann (Tipp: Das geht auch online von zu Hause!).

Im obersten Stockwerk wartet der »Verkehrsgarten«, wo Kindergartenkinder auf Bobby-Cars die Verkehrsregeln üben und ihren Führerschein ablegen können. Außerdem gibt es dort den heiß begehrten Lego-Bereich und für die Kleinsten einen riesigen Spielteppich.

Flitzi, die Museumsmaus, macht den Rundgang durch das Museum für Kids zehnmal spannender, sorgt aber auch für erhöhtes Tempo – denn man will ja schnell, schnell die nächste Aufgabenstation und das nächste Rätsel finden!

TIPP: Für Straßenbahnfans gibt es noch ein weiteres Must-see-Museum in Dresden: das liebevoll aufgemachte Straßenbahnmuseum an der Trachenberger Straße in Pieschen.

Adresse im Johanneum am Neumarkt, Augustusstraße 1, 01067 Dresden-Innere Altstadt, www.verkehrsmuseum-dresden.de // **ÖPNV** Straßenbahn 1, 2, 4, Haltestelle Altmarkt, Straßenbahn 3, 7 oder Bus 75, Haltestelle Pirnaischer Platz // **Öffnungszeiten** Di–So 10–18 Uhr; Eintritt: Erwachsene 9 Euro, Kinder ab 6 Jahre 4 Euro, Familienkarte 18 Euro, für Single-Eltern 9 Euro; offene Führung im Eintritt enthalten; Bobby-Car-Führerscheintest: für Kinder von 3 bis 6 Jahren jeden 1. Fr im Monat um 16 Uhr // ab 2 Jahre

97_DAS WALDBAD WEIXDORF

Genussbaden für lau

Wer im Sommer Erfrischung sucht, geht ins Freibad. Aber kommt man jeden Tag, geht das schnell ins Geld. Wie gut, dass das Waldbad Weixdorf im Dresdner Norden 2018 von der Stadt als unrentabel genug eingestuft wurde, um seinen Status als öffentliches städtisches Freibad zu verlieren! Jetzt gibt es dort zwar keinen Bademeister mehr – aber auch keinen Eintritt. Und da das Waldbad nur noch als Badestelle vermerkt ist, kommen viel weniger Besucher.

Im Schatten der Kiefern warten der frisch renovierte Spielplatz, das Volleyballfeld und ein Fußballfeld. Ein Imbiss und eine Gaststätte sorgen für das leibliche Wohl, die Stadt kontrolliert weiterhin monatlich die Wasserqualität. Zwei Platzwarte passen auf, dass die Badestelle in ordentlichem Zustand bleibt, und verscheuchen allzu mutige Jugendliche von den Beckenmauern, von denen weiterhin nicht gesprungen werden darf.

Die restaurierten Umkleidekabinen und Toilettenhäuschen sehen aus wie anno dazumal, als das Waldbad eines der beliebtesten Freibäder Dresdens war. 1906 eröffnete mit viel Pomp das Prinz-Hermann-Bad, benannt nach dem Besitzer des Rittergutes, der sein Gelände dafür an die Gemeinde verpachtet hatte. Auch die »Teichwirtschaft« gibt es schon seit 1926.

Stammgäste hat das Waldbad immer noch genug. Aber die verteilen sich auf den Wiesen unter den Kiefern so unauffällig, dass sich keiner über zu viel Trubel beschweren kann.

Adresse Zum Sportplatz 1a, 01108 Dresden-Weixdorf // ÖPNV Straßenbahn 7, Haltestelle Weixdorfer Bad, etwa 10 Minuten Fußweg // Öffnungszeiten im Sommer bis Anfang Sept. täglich 10–19 Uhr, Eintritt frei // ab 0 Jahre

TIPP: Nur einmal im Jahr wird es richtig laut im alten Waldbad: Beim »Hizzefrei«-Festival Ende Juli dröhnt der ganze Wald im Rhythmus von Elektro- und Drum-and-Bass-Musik.

98_ DER WALDBIERGARTEN AM WEISSEN HIRSCH

Waldromantik zu jeder Jahreszeit

Die elegant geschwungene Konzertmuschel am Weißen Hirsch steht scheinbar schon seit der Gründerzeit dort im Wald – dabei wurde der Waldbiergarten erst 2013 eröffnet. Vorher lag die Lichtung am Rand der Dresdner Heide in einem Dornröschenschlaf und träumte von ihren Glanzzeiten, als erholungsbedürftige Dresdner im 19. Jahrhundert den Weißen Hirsch als Luftkurort besuchten, in den Sanatorien ihre Lungen kurierten oder schicke Villen für ihre Sommerfrische bauten.

Im Sommer tritt hier der Reggae-Hase Boo regelmäßig auf, der von der Dresdner Ska-Band »Yellow Umbrella« erfunden wurde. Oder es ist Handmade-Markt, Puppentheater, Sonntagsbrunch, Hirschfest … Selbst wenn mal nichts los ist im Waldbiergarten vor der Konzertmuschel, ist immer etwas los. Dafür sorgt schon der hübsche Abenteuerspielplatz aus dicken Baumstämmen.

An weißen Wintertagen ist die Stimmung unter den schneebehangenen Ästen der Buchen und Tannen wunderschön – dann flitzen hier die Dresdner auf einer kleinen Eisbahn, neben der eine Blockhütte Gemütlichkeit verströmt. Das Sterne-Restaurant »Bean & Beluga« sorgt das ganze Jahr über für ein exquisites Speisenangebot.

Sommers wie winters lohnt ein Abstecher in den Wald. Wer leise genug ist, der kann abseits der beliebtesten Spazierwege Rehe und Eichhörnchen beobachten.

TIPP: Ein kurzer Spaziergang führt vom Waldbiergarten über den Diebsteig zum Waldspielplatz, der mitten im dichten Wald der Dresdner Heide liegt.

Adresse Stechgrundstraße, 01324 Dresden-Weißer Hirsch, hinter Parkhotel, www.konzertplatz-weisser-hirsch.de // ÖPNV Straßenbahn 11, Haltestelle Weißer Hirsch/Parkhotel // Öffnungszeiten Gelände: immer, Winter Mo–Fr ab 14 Uhr, Sa, So, Feiertage und Ferien ab 10 Uhr; Tickets: Eintritt zum Gelände kostenfrei, Eintritt für die Eislaufbahn: Erwachsene 5 Euro für 2 Stunden, Tagesticket 8 Euro, für Kinder bis 12 Jahre 3,50 Euro beziehungsweise 5 Euro, Familienticket (2 Erwachsene, 2 Kinder) 14 beziehungsweise 21 Euro; Leihgebühren: Schlittschuhe oder Gleitschuhe 3 Euro, Fahrhilfe 2 Euro // ab 2 Jahre

99_DER WALDSEILPARK BÜHLAU

Klettern im Schwimmbad

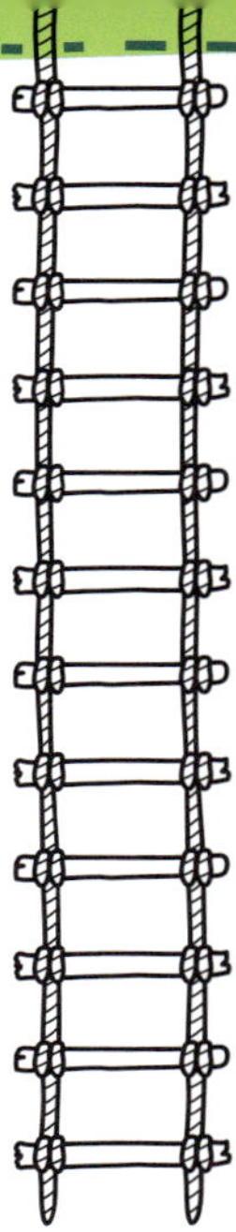

Als 2006 das beliebte Bühlauer Bad geschlossen wurde, war der Aufschrei der Anwohner groß. Immerhin hatte es hier schon seit 1908 ein Freibad gegeben.

Der Waldseilpark Bühlau nutzt geschickt die Besonderheiten des Geländes aus. Das Schwimmbecken liegt nämlich auf dem Grund eines tief eingeschnittenen Tals, durch das der Loschwitzbach fließt. Die 14 Ziplines, an denen man quer über das Tal und über das immer noch mit Wasser gefüllte Becken sausen kann, sind definitiv die Highlights. Die hoch aufragenden Eichen und Buchen an den Talwänden beherbergen jetzt die Plattformen, auf denen man sich beim Bewältigen der zwölf Kletterstrecken ausruhen kann. Das ist auch nötig, nachdem man Herausforderungen wie die »Indiana Bridge«, eine Fahrt in einem Fass oder einen Sprung über einen Abgrund bewältigen musste! An der anderen Seite des Hangs wartet eine Reifenrutsche, auf der man zu dritt nebeneinander kreischend zu Tal sausen kann.

Wem die Parcours zu anstrengend sind, der kann sich auf dem Kletterpfad für die Jüngsten versuchen, der in einem Arkadengang angelegt ist – hier braucht man keinen Klettergurt. Oder man steigt in einen der gelben Wassertreter und paddelt durch das Badebecken. Auf der Aussichtsterrasse kann man den mutigen Kletterern zuschauen – wobei es von unten nie so gefährlich aussieht wie von oben!

TIPP: Seit 2018 hat Bühlau ein Hallenbad! Alle sind glücklich, denn die Winter in Dresden sind lang und kalt.

Adresse Grundstraße 169/Bachmannstraße 6, 01324 Dresden-Bühlau, www.waldseilpark-dresden.de // **ÖPNV** Bus 61, Haltestelle Elisabethstraße, Zugang »von unten« über Grundstraße, oder Straßenbahn 11, Haltestelle Schwimmhalle Bühlau, Zugang »von oben« über Bautzner Straße/Bachmannstraße // **Anfahrt** über Grundstraße, großer Parkplatz auf dem Gelände am unteren Eingang // **Öffnungszeiten** Di–Fr 14–20 Uhr, Sa, So, Feiertage und Ferien 10–20 Uhr, Preise: Erwachsene 17 Euro für 120 Minuten pro Woche, 19 Euro an Wochenenden, Kinder bis 16 Jahre 13 beziehungsweise 15 Euro, Mini-Kletterpfad: Kinder 3–6 Jahre 3,50 Euro ohne Zeitbeschränkung; Familienkarten für verschiedenste Familienkonstellationen erhältlich // ab 3 Jahre

100_ DIE WASSERSKI-ANLAGE

Coole Sprünge in der Kiesgrube

Wer gut Ski fahren kann, gewagte Sprünge mag und nichts gegen einen Schluck Wasser hat, der ist cool genug für einen Besuch der Wasserski-Anlage in Dresden-Leuben.

Im Schatten eines Trümmerbergs im Dresdner Osten liegen zwei Kiesgruben. Hier ist das Baden aus Sicherheitsgründen verboten (Stand 2019 – das könnte sich bald ändern!). In der südlichen Kiesgrube hält sich im Sommer niemand daran, obwohl es immer wieder zu tödlichen Badeunfällen kommt. Eine legale Nutzung hat sich ein findiger Dresdner überlegt: An einem 720 Meter langen Zugseil sausen Wagemutige mit bis zu 30 Kilometern pro Stunde im Viereck über das Wasser. Puristen stehen auf schmalen Skiern. Spektakulärer ist ein Wakeboard, mit dem sich gewagte Sprünge über die auf dem Parcours eingebauten »Obstacles« machen lassen.

Wer lieber zuschaut, setzt sich auf die Wiese am Rand der Kiesgrube. Fast noch besser ist die Position am Einstieg. Beileibe nicht jeder Start gelingt nämlich. Wer den Schwung des Zugseils unterschätzt, dem reißt es die Arme nach vorn. Das Ergebnis ist ein großer Platsch, bejohlt von den Umstehenden.

Wakeboarden können Kinder ab neun Jahren. Mindestens 30 Kilogramm sollten sie auf die Waage bringen. Es gibt Naturtalente, die intuitiv die richtigen Bewegungen machen. Effektiver ist die Lernkurve mit einem Kurs. Vorteil: Zu den Kurszeiten wird die ganze Anlage etwas langsamer gestellt.

TIPP: Ganz anders sieht es an der nördlichen Kiesgrube aus: Dort badet niemand, stattdessen ziehen Schwäne und Enten ihre Kreise, Angler hocken im dichten Gebüsch am Ufer und aus dem 15 Meter tiefen klaren Wasser blubbern die Blasen von Tauchgeräten herauf.

Adresse Pirnaer Landstraße 107/Ecke Leubener Straße, 01257 Dresden-Leuben, www.cable-dresden.de // **ÖPNV** Straßenbahn 2, Haltestelle Rottwerndorfer Straße // **Öffnungszeiten** Hauptsaison (Mitte Mai – Anfang Sept.) täglich 13 – 17 Uhr, davor und danach an Wochenenden, auch bei schlechtem Wetter; Tickets: 20 Euro pro Stunde, 39 Euro pro Tageskarte, zuzüglich Leihgebühr für Ausrüstung, ohne Voranmeldung buchbar; Anfängerkurs an Sonn- und Feiertagen Erwachsene 39 Euro, Kinder 29 Euro, Dauer: 2 Stunden; Ausrüstung vor Ort ausleihbar, Badesachen und Handtuch mitbringen // ab 9 Jahre

101_DAS WASSERSPIEL AM JORGE-GOMONDAI-PLATZ

Die »Kinderwaschanlage« der Neustadt

Sobald im Frühling die ersten Sonnenstrahlen herauskommen, laufen Kinder mit sehnsüchtigen Blicken über den Jorge-Gomondai-Platz vor der Einkaufs- und Flaniermeile der von Platanen beschatteten Hauptstraße. Sie beäugen die 25 Springbrunnendüsen, die zwischen den Restaurants »Am Thor« und »Der Löwe« in den Boden eingelassen sind.

Ist das ebenerdige Wasserspiel mit den tanzenden Wassersäulen endlich angeschaltet, tobt hier das Leben: Unzählige Kinder hüpfen quiekend zwischen den Fontänen herum, die einen noch halbwegs trocken, die anderen schon patschnass. Die Profis tragen Badesachen. Nachts kann man juchzende Radfahrer beobachten, die zwischen den bunt leuchtenden Wassersäulen herumkurven.

Die »Kinderwaschanlage« ist ein fester Punkt im Stadtplan von Neustadt-Familien. Die halbe Neustadt nutzt diesen städtischen Springbrunnen als »Plansche«. Er ist mit Bahn und Rad super erreichbar, Kaffee und Eis gibt es in der näheren Umgebung, in der Fußgängerzone können die Kleinen sorglos herumrennen, und ringsherum gibt es genug Sitzmöglichkeiten.

Trinken sollte man aus einer öffentlichen Brunnenanlage wohl nicht. Aber wie soll man an einem heißen Sommertag der Verlockung der sprudelnd spritzenden Wasserfontänen widerstehen, die zu rufen scheinen: »Komm, mach deine Hände nass, deine Arme, deine Füße! Huch, haben wir dich komplett erwischt?«

Adresse Jorge-Gomondai-Platz, 01097 Dresden-Neustadt, direkt am Beginn der Hauptstraße // ÖPNV Straßenbahn 3, 6, 7, 8, 11, Haltestelle Albertplatz // Öffnungszeiten wie alle städtischen Springbrunnen Mitte April–Okt., je nach Wetterlage // ab 1 Jahr

TIPP: Beeindruckender sprudelt das Wasser in den Zwillingsbrunnen »Stürmische Wogen« und »Stille Wasser« am benachbarten Albertplatz hinter den Straßenbahnhaltestellen. Dort sind badende Kinder allerdings definitiv unerwünscht.

102_ DER WASSERVORHANG AM POSTPLATZ

Feuchte Mutprobe

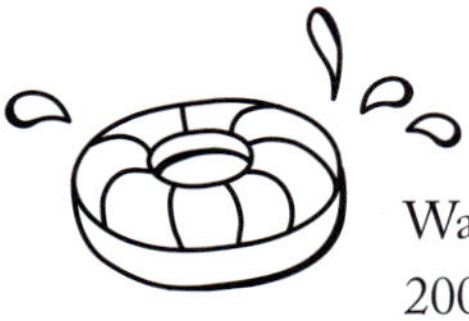

Was hat es mit dem großen Torbogen auf sich, der seit 2007 neben dem Dresdner Staatsschauspiel am Postplatz steht? Ein Instagram-Spot für Zwinger-Selfies? Ein gigantisches Fußballtor? Auf jeden Fall eine Gelegenheit für lustige Ratespiele.

Mit etwas Glück erwischt man den richtigen Zeitpunkt, um den eigentlichen Zweck des Kunstwerks zu sehen: In unbestimmten Abständen fällt aus dem zwölf Meter breiten Torbogen ein Vorhang aus Wasserfäden herab. Der »Waterscreen« des Berliner Künstlers Rainer Splitt war eigentlich als noch viel cooleres Kunstwerk geplant: Auf den Vorhang aus Wassertropfen sollten Texte projiziert werden. Eine Allegorie auf das dahinterliegende Schauspielhaus, Dresdens renommiertestes Theater. Wer traut sich, unter dem Torbogen hindurchzugehen, der jederzeit seinen nassen »Duschvorhang« anwerfen könnte? Das ist ganz im Sinne des Künstlers.

An warmen Tagen ist kaum Mut dafür nötig, zwischen den Wasserfäden hindurchzurennen; dann müssen Eltern eher aufpassen, dass die Lütten trocken bleiben. Oder man gönnt ihnen die Abkühlung. Immerhin ist es auf dem zugepflasterten Postplatz im Sommer bis zu 6 Grad Celsius wärmer als im Großen Garten.

Nachts strahlt der »Waterscreen« in magischem Licht und macht als Vorder- oder Hintergrund des ebenfalls wunderschön angestrahlten Zwingers richtig was her.

Adresse Postplatz, 01067 Dresden-Altstadt, direkt neben dem Schauspielhaus // ÖPNV Straßenbahn 1, 2, 4, 7, 11, 12, Bus 62, 75, Haltestelle Postplatz // Öffnungszeiten Wasserfäden in unregelmäßigen Abständen // ab 1 Jahr

TIPP: Wenn die Kids darauf beharren, auf die Wasserfäden warten zu wollen: Das kann man im winzigen »Café Käseglocke« direkt auf dem Postplatz tun.

103_DIE WELT DER DDR

Wie zu Mamas und Papas Zeiten

»Früher hatten wir kein Smartphone, da sind wir zu Fuß gegangen, da gab es keine zehn Joghurt-Sorten ...« Derlei Tiraden müssen sich bestimmt viele Kinder anhören. Wenn die irgendwann fragen, wie es damals wirklich war, können sie sich die Vergangenheit von Mama und Papa »in echt« ansehen.

Die Location, ein Einkaufszentrum in der Dresdner Neustadt, ist für ein Museum ungewöhnlich. Was man von außen erkennen kann, macht neugierig. Am auffälligsten sind die Autos – beginnend mit allen erdenklichen Trabis bis hin zu Raritäten wie einem Rallye-Trabi und einem Bus der Volkspolizei. Auch ein Unfallauto kann man bestaunen, das demonstriert, warum man den Trabant »Rennpappe« nannte.

Nachdem es in einem Klassenzimmer Platz genommen, Schlager-Platten angehört und (heimlich) Gasmasken der NVA anprobiert hat, erkennt das museumsversierte Kind: Das hier ist eher eine Sammlung als ein Museum. Statt Hintergrundwissen findet man im DDR-Museum vor allem »gerettete« Sammelobjekte. Was sich da an Schätzen offenbart, in den originalgetreu eingerichteten Schauzimmern einer DDR-Wohnung, in der HO-Verkaufsstelle oder dem Sprechzimmer einer Poliklinik, lässt ältere Besucher immer wieder aufjuchzen: »Gugge ma, das hatten wir ooch!« Um die Vermittlung des Wie und Warum müssen sich die Eltern selbst kümmern. Wer mehr Geschichte will, der kann das Kombi-Ticket für die Gedenkstätte Bautzner Straße, die ehemalige Stasi-U-Haft-Anstalt, nutzen.

TIPP: Jeden Freitag wird am Ausgang des DDR-Museums leckere Soljanka, eine in ganz Osteuropa beliebte sauer-scharfe Suppe, für alle Besucher serviert – den Kinder-Geschmackstest hat sie bestanden!

Adresse im Simmel-Center am Albertplatz, Antonstraße 2a, 01097 Dresden-Neustadt, www.weltderddr.de // **ÖPNV** Straßenbahn 3, 6, 7, 8, 11, Haltestelle Albertplatz, oder S-Bahn S 1, S 2, Haltestelle Bahnhof Neustadt // **Öffnungszeiten** täglich 10–18 Uhr; Tickets: Erwachsene 7 Euro, Kinder bis 12 Jahre kostenfrei, ab 13 Jahre 5 Euro; zur Happy Hour ab 17 Uhr 4 Euro // ab 6 Jahre

104_DAS WILDGEHEGE MORITZBURG

Begegnung mit Meister Isegrim

Sind Wölfe wirklich gefährlich? Wie unterscheidet man sie von streunenden Hunden? Diese Fragen werden im Wildgehege Moritzburg beantwortet. Schon im 16. Jahrhundert ließen die sächsischen Kurfürsten hier Wildtiere in Gehegen halten, um sie jagen zu können – bei Treibjagden wurden bis zu 1.000 Rehe und Hirsche erlegt. August der Starke war sehr stolz auf seine »Menagerie aller seltenen Arten von Hochwild«, darunter auch Wölfe und Bären.

Heute will das Wildgehege eher über das Tierleben in den Wäldern Mitteleuropas und den Artenschutz informieren. In einem zwei Hektar großen Gehege streifen die 2008 geborenen Jungwölfe August und Moritz umher. Sie teilen sich den Wald mit Lilly, die 2009 geboren und von Hand aufgezogen wurde. Als Baby wurde sie verletzt, sodass sie jetzt dauerhaft hinkt – an ihrer stets erhobenen Vorderpfote ist sie gut zu erkennen. Gefährlich sieht sie nicht aus, genauso wenig wie ihre Kollegen.

Überhaupt einen Wolf zu erkennen ist gar nicht so einfach. Dabei bieten die Panoramascheiben des Besucherpavillons und dessen Dach gute Bedingungen. Aber zwischen den Bäumen ist ein grauer Wolf erstaunlich schwer zu sehen. Auch wenn es nicht klappt mit der Wolfsichtung, bietet der Besucherpavillon genug Gelegenheiten zum Lernen und Spielen an zwei Touchscreen-Monitoren. Am beliebtesten ist das Besucherkino. Aber wer will denn fernsehen, wenn draußen echte Wölfe herumlaufen?

TIPP: Im Dresdner Zoo gibt es keinen Wolf. Man muss schon nach Moritzburg kommen! Oder man wandert ganz still durch die Dresdner Heide – dort soll inzwischen auch ein Wolfsrudel leben.

Adresse Radeburger Straße 2, 01468 Moritzburg // **ÖPNV** Bus 477, Haltestelle Moritzburg Markt, circa 15 Minuten vom Bahnhof Dresden-Neustadt // **Anfahrt** A 4, Abfahrt Moritzburg/Wilder Mann, auf Moritzburger Landstraße/Dresdner Straße bis Moritzburg, am Schloss rechts abbiegen auf Radeburger Straße bis zum kostenpflichtigen Besucherparkplatz // **Öffnungszeiten** März–Okt. täglich 9–18 Uhr, Nov.–Feb. nur Sa, So, Feiertage und Ferientage 9–16 Uhr; Tickets: Erwachsene 5 Euro, Kinder ab 3 Jahren 2,50 Euro // ab 4 Jahre

105_DER WINDBERG

Sagenhafte Aussicht

Windig ist es auf dem 353 Meter hohen Windberg in Freital fast immer. Der Name stammt aber nicht vom Wetter, sondern von den Wenden (Slawen), die im 12. Jahrhundert hierherkamen. Beeindruckend ragte das Plateau, das nach vorn steil abfällt, sicher damals schon über dem Tal von Freital auf.

Noch beeindruckender wirkt der Windberg, seit er vom König-Albert-Denkmal gekrönt wird. Der 17 Meter hohe Obelisk ist ein Wahrzeichen von Freital. Kinder haben auf der Aussichtsplattform nur Augen für das Panorama, das sich wie auf einer Modellbahnplatte vor ihnen auftut. Die lang gezogene Stadt ruht auf einem riesigen Steinkohleflöz, das Freital reich machte: Hier wurde die erste Elektrolok der Welt betrieben, das erste Gas aus Steinkohle erzeugt, die erste öffentliche Gasbeleuchtung eingerichtet.

Was man nicht sehen kann, ist das sagenhafte Zauberschloss im Windberg. Dort drinnen spielte ein armer Dorfmusikant aus Freital-Burgk, Rotkopf Görg, eines Nachts für eine Schar von Berggeistern zum Tanz auf. Als Lohn für seine Mühen schüttete man ihm eine Schaufel voll glühender Kohlen in die Mütze. Die warf Rotkopf Görg leider weg, bevor er sich zum Schlafen legte – und entdeckte am nächsten Morgen eine winzige Goldmünze im Mützenfutter. Der Rest der glühenden Kohlen war über Nacht zu Asche zerfallen. Den Eingang zum Zauberschloss fand Rotkopf Görg nie wieder. Das »schwarze Gold«, also die Kohle, machte Freital trotzdem reich.

Adresse Am Windberg, 01705 Freital // ÖPNV Bus B, Haltestelle Burgk Schule und circa 20 Minuten Fußweg; vom Parkplatz circa 1,1 Kilometer bis zum Denkmal; mehrere Rundwege über das Plateau möglich // Anfahrt aus Dresden über Karlsruher Straße/Kohlenstraße zum Parkplatz Windberg, circa 8 Kilometer vom Hauptbahnhof // ab 4 Jahre

TIPP: Mehr zum Thema Bergbau am Windberg erfahrt ihr im Schloss Burgk, das etwa zwei Kilometer von der Windberg-Aussicht entfernt liegt. Hier gibt es auch den schönen »Burgkania«-Spielplatz für kleine Bergarbeiter.

106_DIE YENIDZE

Einfach märchenhaft!

Es war der beste Werbetrick der Welt: Der Tabak für die Zigaretten, die Hugo Zietz in Dresden herstellte, stammte aus dem türkischen Anbaugebiet Yenice. Also errichtete Zietz 1907, als Tabakwaren in Deutschland zum Renner wurden, seine neue Fabrik im angesagten orientalischen Stil. Die Nachbildung der Grabmoschee des Emirs von Kairo sollte einen Gegensatz zu den Dresdner Barockbauten bieten. Nebenbei konnte Zietz so das Bauverbot für Fabriken im historischen Stadtzentrum umgehen.

Bis heute wird die Yenidze von Reisenden (und Einwohnern!) mit einer Moschee verwechselt. Für das Meisterwerk flog ihr Architekt Martin Hammitzsch aus der Reichsarchitektenkammer. Dabei war die Yenidze mit ihrer Jugendstil-Fassade Deutschlands erstes Gebäude mit einem Skelett aus Stahlbeton. Schornsteine und Abluftanlagen wurden geschickt als Minarette getarnt.

Bis zur Wende diente die Yenidze als zentrales Tabaklager der DDR. Nach umfassender Sanierung glänzt das pseudoorientalische Schmuckstück wieder wie neu. Vor allem nachts ist der Anblick der bunt leuchtenden Glaskuppel ein Genuss.

Unter der 20 Meter hohen Kuppel wird in märchenhafter Atmosphäre regelmäßig vorgelesen. Dann lauschen die Zuhörer im orientalischen Zelt gebannt den Geschichten aus Tausendundeiner Nacht und selbst durch die kälteste Winternacht weht ein Traum vom Orient.

Adresse Weißeritzstraße 3, 01067 Dresden-Mitte // ÖPNV Straßenbahn 4, 6, 10, 11, Haltestelle Kongresszentrum/Haus der Presse, S-Bahn S1, S2, Haltestelle Bahnhof Mitte // Öffnungszeiten Lesungen für Kinder: Sept.–April Sa, So 16 Uhr, Vorverkauf im Märchenbüro im 4. Stock: Di, Do 14–18 Uhr, Mi 10–14 Uhr; Tickets: Erwachsene 10 Euro, Kinder 6 Euro, Familienkarte 30 Euro; Kontakt für Märchenvorlesungen unter www.1001maerchen.de // ab 4 Jahre

TIPP: Im Sommer bietet einer der schönsten und auf jeden Fall der höchste Biergarten in Dresden auf dem Dach der Yenidze traumhafte Ausblicke auf die Elbe und die Neustadt.

107_DER »ZAUBERBAUM«

Spielzeug wie früher

Wie viele Eltern sind wohl schon zwischen den Kiefernholzregalen in begeisterte Rufe ausgebrochen? »Mein alter Metallbaukasten! Und hier, das Teleskop! Oh, ein Mikado-Spiel!«

Besitzerin Kathrin Dostlebe verkauft in ihrem »Zauberbaum« Spielzeug mit Tradition. Es muss nicht unbedingt aus Holz sein. Rosa Puppen (aus Thüringen!) und Prinzessinnen-Zubehör liegen neben der klassischen Schleuder und einem (hölzernen) Luftgewehr. »Super Training für die Hand-Augen-Koordination«, weiß Frau Dostlebe.

Ihre eigenen Kinder sind schon aus dem Spielalter heraus, aber sie kann von vielen Erfahrungen zehren. Hochwertig soll ihr Spielzeug sein, langlebig und eben: geprüft von Generationen von Kindern. Unter den Herstellern sind viele Firmen aus Sachsen, vor allem das Erzgebirge ist ja seit Jahrhunderten die Heimat von Spielzeugbauern.

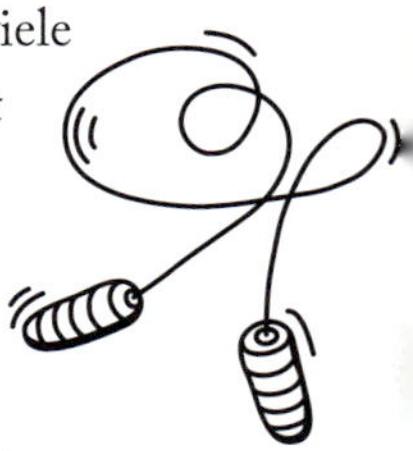

Stammkunden machen extra den Abstecher an die Leipziger Straße, die heute nur noch von wenigen Geschäften gesäumt wird – zu nah ist der gigantische ElbePark, wo es alles zu kaufen gibt. Nur eben keine Triola, keine Hampelmänner und keine Waldorf-Spielsachen. Die sind heiß begehrt und oft ausverkauft, verrät Frau Dostlebe seufzend. 2017 hat der »Zauberbaum«, ursprünglich im beschaulichen Dorfkern von Altkötzschenbroda eröffnet, schon zum zweiten Mal den Besitzer gewechselt. Hoffentlich bleibt uns der Laden noch lange erhalten!

Adresse Jubiläumsstraße 1/Ecke Leipziger Straße, 01139 Dresden-Trachau, www.zauberbaum24.de // **ÖPNV** Straßenbahn 4, Bus 70, 80, Haltestelle Rankestraße // **Öffnungszeiten** Di–Fr 10–18 Uhr, Sa 10–12 Uhr // ab 1 Jahr

TIPP: Wer auf der Rückfahrt nach Dresden nur 700 Meter nach dem »Zauberbaum« rechts von der Leipziger Straße nach Alttrachau einbiegt, der entdeckt dort ein weiteres Zauberreich: Die »Hufewiesen« sind ein (kontrolliertes) Stück Wildnis mitten in der Stadt.

108_DAS ZAUBERSCHLOSS SCHÖNFELD

Sonntagsmagie

Das hübsche Schloss Schönfeld war in vielen Händen, seit es der Hofjurist von Kurfürst August dem Starken 1573 im Stil einer Wasserburg erbauen ließ. Nachdem seine Familie das Schloss nur zwei Jahre später verkaufen musste (der Schlossherr wurde bei Nacht und Nebel verhaftet, des Verrats angeklagt und auf der Pleißenburg in Leipzig zu Tode gefoltert), diente es lange als Gerichtsgebäude, zu DDR-Zeiten dann als Landkino, Kinderhort und schließlich Gemeindebücherei.

1999 wurde Schönfeld nach Dresden eingemeindet und das verfallende Schloss sollte saniert werden. Weil dafür ein Nutzungskonzept verlangt wurde, bot man das Schloss dem Magischen Zirkel »Bartolomeo Bosco« als Quartier an. Die Magier freuten sich, und so steht seit 2005 im Norden von Dresden ein echtes Zauberschloss mit vier Zaubertheatern. Im Kellergewölbe mit nur 20 Sitzplätzen kann man dem Magier direkt auf die Finger schauen – und sich davon überzeugen, dass hier echte Zauberkunst am Werk ist.

Das kleine Zaubermuseum, das die Geschichte der Zauberei mit der Geschichte des Schlosses verbindet, sollte man am besten im Rahmen einer Führung erkunden. Unter fachkundiger Anleitung eröffnet sich ein bunter Reigen aus Anekdoten und Artefakten, an deren Echtheit man zumindest manchmal zweifeln darf.

TIPP: Der weltberühmte Zauberkünstler Bartolomeo Bosco liegt auf dem Friedhof an der Friedrichstraße begraben. Sein Grabstein zeigt eine Abbildung des Becherspiels, auch bekannt als »Hütchenspiel«: Unter welchem Becher liegt die Kugel?

Adresse Am Schloss 2, 01328 Dresden-Schönfeld, www.daszauberschloss.de // **ÖPNV** Bus 226, 228 ab Bühlau/Ullersdorfer Platz, Haltestelle Schönfeld Markt // **Anfahrt** aus Bühlau über Quohrener Straße/Schönfelder Landstraße/Cunnersdorfer Straße bis Schönfeld, rechts abbiegen auf Markt/Am Schloss // **Öffnungszeiten** Museum: Sa, So 13–17 Uhr, Nov.–März nur bis 16 Uhr; Eintritt kostenlos, Spende erbeten; Schlossführung mit Zaubershow ab 13 Euro; Achtung: nicht jede Show für Kinder geeignet // ab 6 Jahre

109_DIE ZENTRALBIBLIOTHEK

Schmökern im Kulturdenkmal

Wer dem Routenplaner zur angegebenen Adresse »Schloßstraße« gefolgt ist, der hebt vor der gläsernen Fassade ungläubig den Kopf: Da drin soll die Zentralbibliothek von Dresden sein? Seit 2017 sind die Bücher auf der ersten und zweiten Etage des Kulturpalasts untergebracht, der an der Nordseite des Altmarkts thront. 1969 als Vorzeigeprojekt des Sozialismus errichtet, war der »Kulti« kulturelles Zentrum der Stadt. Hier haben alle Dresdner Kinder Aufführungen des »Brückenmännchens« gesehen und bei Dixieland-Festivals mitgewippt, mehr oder weniger spannende Schülerkonzerte abgesessen und diverse Auszeichnungen verliehen bekommen.

Nach langer Sanierung wurde der Kulturpalast 2017 wiedereröffnet, im Oktober 2019 feierte er sein 50-jähriges Jubiläum. Als Haus für die Dresdner Philharmonie, das Kabarett »Die Herkuleskeule« und die Zentralbibliothek ist er jetzt wieder ein echtes Kulturzentrum. Und er macht sich überraschend gut als Gegenentwurf zum schmucken Neobarockviertel am Neumarkt.

Auch wenn man gar kein Buch ausleihen will, kann man beim Stadtbummel mal hinauf in den ersten Stock steigen, ein Buch aus der Bilderbuchwand aussuchen und in einem der kugelrunden »Sonic Chairs« an den Fensterfronten Platz nehmen. Diese Kuschelsessel sind gleichzeitig akustische Inseln, die man ans eigene Smartphone anschließen und zum Musikhören nutzen kann.

Wenn dann noch das bunte Treiben auf dem Altmarkt hinzukommt, fällt es schwer, sich auf die Lektüre zu konzentrieren!

Adresse Kulturpalast, 01067 Dresden-Innere Altstadt, Besuchereingang Wilsdruffer Straße (Front), Lesesaal für Kinder im 1. Stock, www.bibo-dresden.de // ÖPNV Straßenbahn 1, 2, 4, Haltestelle Altmarkt // Öffnungszeiten Mo–Sa 10–19 Uhr // ab 2 Jahre

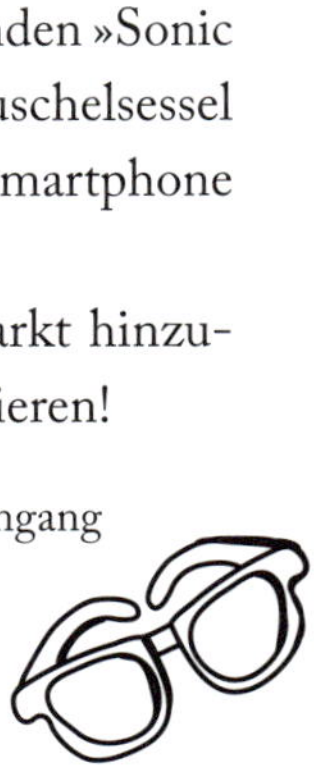

TIPP: Richtiges Harry-Potter-Feeling kommt in der SLUB auf, der Sächsischen Landesbibliothek an der TU Dresden. Im zweiten Stock des riesigen Gebäudes versteckt sich das kleine Buchmuseum mit einer Schatzkammer, die auf Wunsch vom Sicherheitspersonal aufgeschlossen wird.

110_DER ZOOKASPER

Tierisches Theater

Eine der größten Attraktionen Dresdens ist sein Zoo: der viertälteste Deutschlands, gegründet 1861 durch einen Verein für Hühnerzüchter im Großen Garten. Zwar kann er sich nicht mit Leipzig oder Wien messen, aber er ist bekannt für seine Orang-Utan-Zucht und seit 2013 für seine Koalas.

Und für den »Zookasper«: Seit 1931 werden auf der kleinen Bühne in einem bunt angemalten Holzhäuschen kurze Geschichten mit Kasperle, Räuber Kasimir & Co. für die jüngsten Zoobesucher aufgeführt. Egon Gäble, der die Tradition ins Leben rief, führt heute natürlich nicht mehr die Puppen. Sein würdiger Nachfolger nach langer Pause ist Stefan Flinner – der, Verzeihung, aussieht, als hätte er bei Gäble schon im Publikum gesessen.

Der gebürtige Zwickauer ist der perfekte Kasperle-Spieler für Dresden: Im breitesten Sächsisch lässt er die Puppen daherquatschen, sich mit den ausgefallensten Schimpfwörtern beleidigen und kurze Abenteuer erleben, die seine jungen Zuschauer regelmäßig in Begeisterungsstürme ausbrechen (oder vor Angst unter die Sitzbänke verschwinden) lassen.

28 Jahre lang ist Flinner nun schon der »Zookasper«, und er wird nicht müde: Solange es nicht regnet, können die Zoobesucher viermal pro Woche jeweils drei- bis viermal täglich seine Geschichten genießen, über 50 verschiedene Stücke hat er im Repertoire. Herr Flinner ist echt alt, also schiebt euren Besuch nicht zu lange hinaus!

TIPP: Der »Zoo unter der Erde« (gleich neben den Erdmännchen) verbindet Zoo und Spielplatz: Hier kann man auf einer Rutsche hinab ins Dunkel gelangen und dort Ratten, Hamster und Madagaskar-Fauchschaben bewundern.

Adresse im Dresdner Zoo, Tiergartenstraße 1, 01219 Dresden-Strehlen, rechts vom Haupteingang, www.zoo-dresden.de // ÖPNV Straßenbahn 9, 10, 13, Bus 62, 75, Haltestelle Zoo // Öffnungszeiten April–Okt. Di, Do 10.30, 11.30 und 14.30 Uhr, in den Ferien und Sa, So, Feiertage zusätzlich 16 Uhr; Eintritt im Zoo-Eintritt enthalten // ab 3 Jahre

111_DIE ZSCHONER MÜHLE

Bauernhof-Idylle am Stadtrand

Auf seinem Lauf durch uralte Streuobstwiesen und Auenwälder, in denen sich Weiden und Erlen zum Wasser hinabneigen und Bachstelzen über die Steine flitzen, passiert der Zschonergrundbach drei Mühlen, deren Mühlräder sich zum Teil schon im 14. Jahrhundert drehten. Aus dem Jahr 1570 stammt ein Dokument, auf dem der Müller Götze dem Kurfürsten August versichert, die Mühle sei seit 150 Jahren im Besitz der Familie seiner Frau. Mit den Kurfürsten hatten die Müller im Zschonergrund immer wieder Streit; denen waren die Mühlen ein Dorn im Auge, weil sie ihr Jagdwild vertrieben.

Die Zschoner Mühle hat kurfürstliche Schikanen, viele Besitzerwechsel und die DDR-Zeit überstanden. Das historische Mahlwerk, das seit 1917 stillgestanden hatte, wurde nach der Wende restauriert und läuft heute wieder mit sechs PS. Bei Kindergeburtstagen und Mühlenführungen kann man zuschauen, wie früher mit Wasserkraft Mehl gemahlen wurde. Von Kindern wurden auch die Informationstafeln gestaltet, die entlang des »Entdeckungspfads Streuobst« durch den Zschonergrund führen.

Ein Geheimtipp ist das leckere Bio-Essen im neu eröffneten Imbiss und im Restaurant. Pflicht für alle Familien ist das Puppentheater: Zweimal täglich gibt es an Wochenenden Vorstellungen in der alten Scheune der Mühle, zu denen Marionetten- und Puppenspieler aus ganz Deutschland Märchen und Geschichten vorspielen.

TIPP: Einige hundert Meter bachabwärts speist der Zschonerbach das »NaturKulturBad«. Ins beliebteste Freibad Deutschlands (laut Google-Bewertungen) passen nur 500 Gäste, also kommt im Sommer zeitig oder kurz vor der Schließzeit!

Adresse Im Zschonergrund 2, 01156 Dresden-Cotta, www.zschoner-muehle.de // **ÖPNV** Bus alita 97, Haltestelle Podemus Zschonergrundmühle; zu Fuß erreichbar, circa 3 Kilometer von der Gaststätte »Schulzenmühle« über den Zschonergrundweg (Markierung: grüner Balken); nicht unbedingt kinderwagentauglich, da viele Treppen, Wurzeln und Steine // **Öffnungszeiten** Biergarten: täglich 10.30–16 Uhr, Restaurant: Do 15–20 Uhr, Fr–So 11–21 Uhr, Puppentheater: Sa, So, Feiertag 11 und 15 Uhr, in den Ferien auch an Wochentagen; Eintritt Puppentheater: Kinder 5 Euro, Erwachsene 6 Euro, Dauer der Aufführung: 45 Minuten, keine Kartenzahlung möglich // ab 3 Jahre

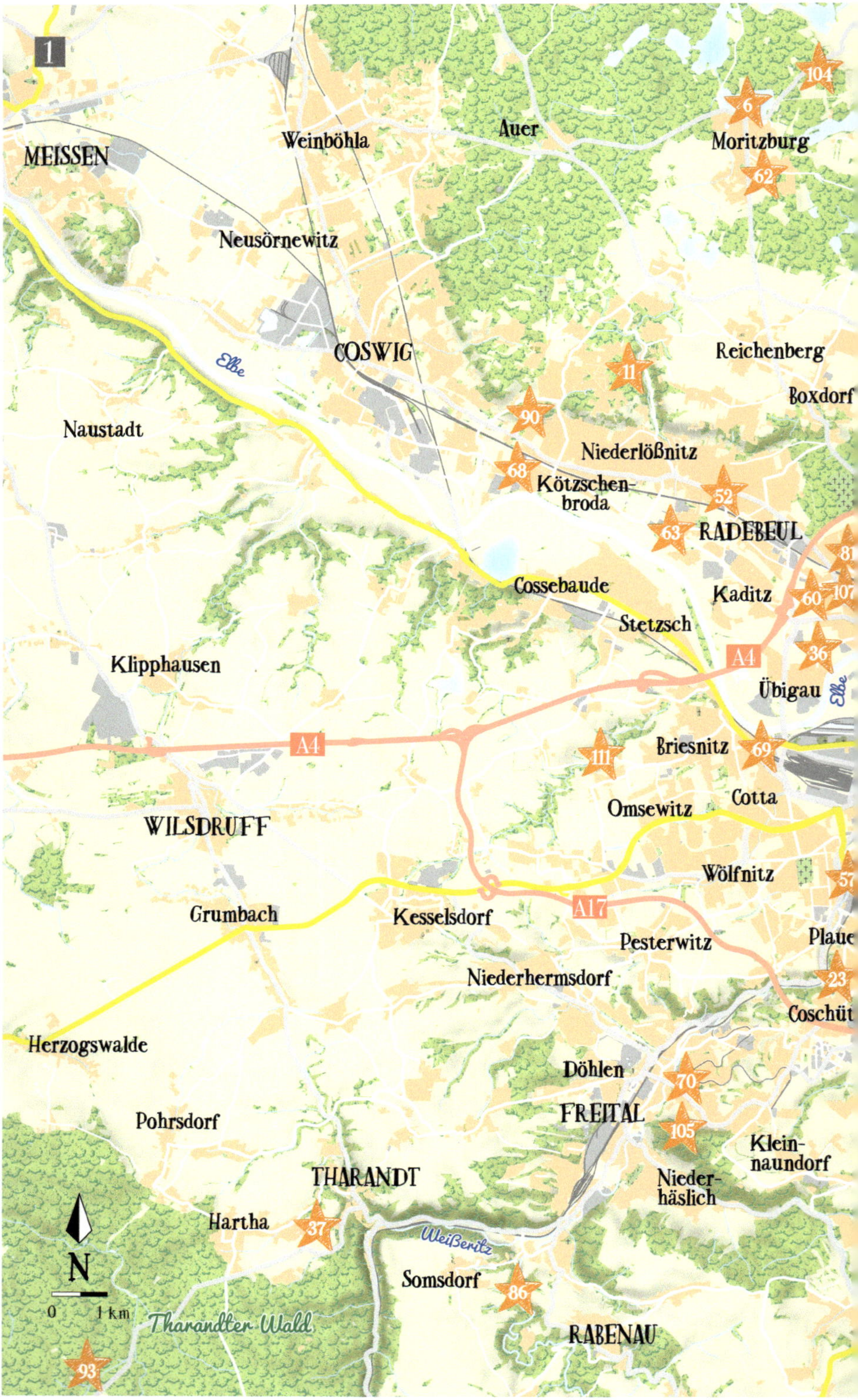

1
MEISSEN
Weinböhla
Auer
Moritzburg
104
6
62
Neusörnewitz
COSWIG
Elbe
Reichenberg
Boxdorf
11
90
Naustadt
Niederlößnitz
68
Kötzschen-
broda
52
63
RADEBEUL
81
Cossebaude
Kaditz
60
107
Stetzsch
36
A4
Klipphausen
Übigau
Elbe
A4
111
Briesnitz
69
Omsewitz
Cotta
WILSDRUFF
Wölfnitz
57
A17
Grumbach
Kesselsdorf
Pesterwitz
Plaue
Niederhermsdorf
23
Coschüt
Herzogswalde
Döhlen
70
FREITAL
105
Klein-
naundorf
Pohrsdorf
THARANDT
Nieder-
häslich
Hartha
37
N
Weißeritz
Somsdorf
86
0
1 km
Tharandter Wald
RABENAU
93

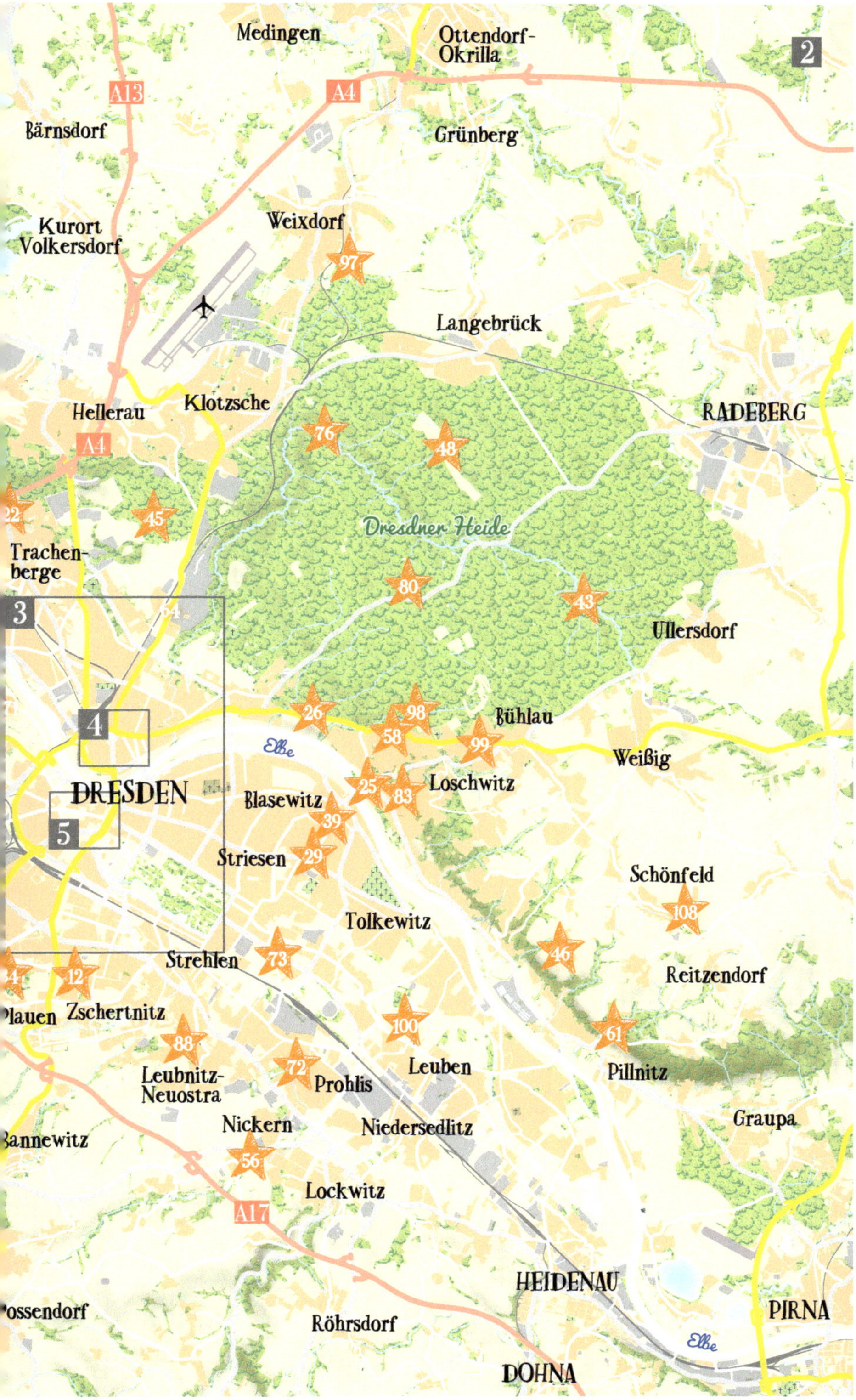
Medingen
Ottendorf-Okrilla
2
A13
A4
Bärnsdorf
Grünberg
Kurort Volkersdorf
Weixdorf
97
Langebrück
Hellerau
Klotzsche
RADEBERG
A4
76
48
22
45
Dresdner Heide
Trachen-berge
80
43
3
64
Ullersdorf
26
98
Bühlau
4
58
99
Elbe
Weißig
DRESDEN
25
83
Loschwitz
Blasewitz
39
5
Striesen
29
Schönfeld
108
Tolkewitz
46
73
Strehlen
Reitzendorf
12
Plauen
Zschertnitz
100
61
88
Leuben
Pillnitz
Leubnitz-Neuostra
72
Prohlis
Graupa
Nickern
Niedersedlitz
Bannewitz
56
Lockwitz
A17
HEIDENAU
Possendorf
Röhrsdorf
PIRNA
Elbe
DOHNA

3
Pieschen
Albertstadt
Leipziger Vorstadt
Hansastraße
Stauffenbergallee
Fritz-Reuter-Straße
Leipziger Straße
Großenhainer Straße
Königsbrücker Straße
4
Äußere Neustadt
Bautzner Straße
Albertplatz
Innere Neustadt
Hainstraße
Königstraße
Palaisplatz
Marienbrücke
Magdeburger Straße
Friedrichstadt
Weißeritzstraße
Könneritzstraße
Albertstraße
Wigardstraße
Albertbrücke
Käthe-Kollwitz-Ufer
Elbe
Carolabrücke
Sachsenallee
Terrassenufer
Innere Altstadt
Wilsdruffer Vorstadt
Johannstadt
Pillnitzer Straße
Güntzstraße
Pirnaische Vorstadt
Striesener Straße
St. Petersburger Straße
5
Grunaer Straße
Budapester Straße
Seevorstadt
Ammonstraße
Stübelallee
Lennéstraße
Wiener Platz
Hauptbahnhof
Großer Garten
Wiener Straße
Lennéplatz
Südvorstadt
Fritz-Löffler-Straße
Strehlener Straße
Tiergartenstraße
Nürnberger Straße
Münchner Straße
Bergstraße
Zellescher Weg
N
0
250 m
20
64
44
2
33
30
71
9
7
106
41
42
24
31
94
55
84
110
51
18

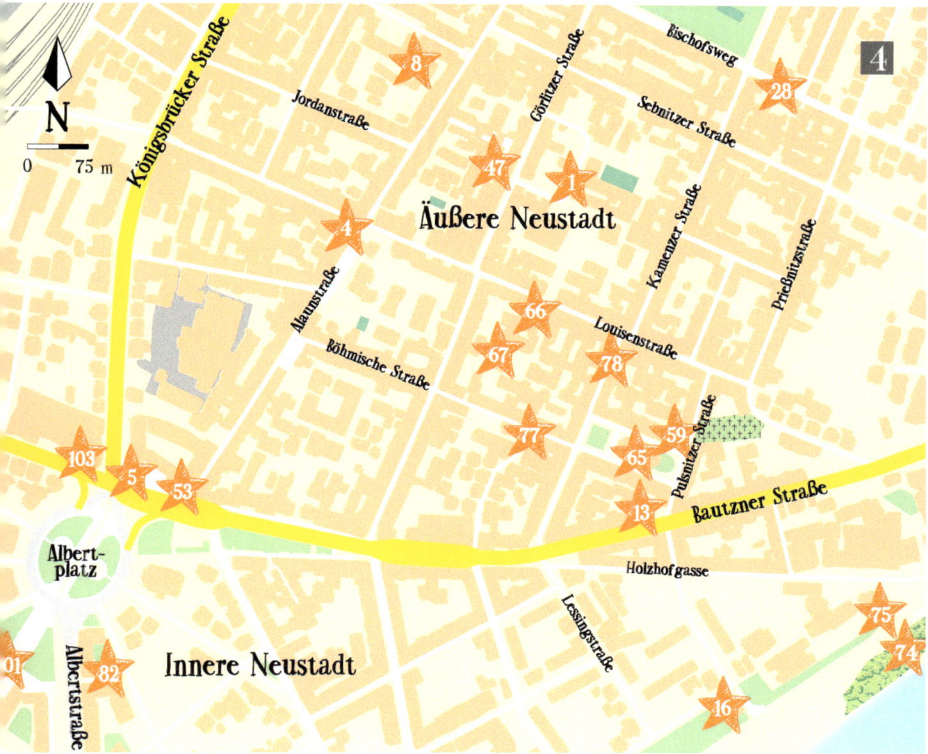
4
N
0
75 m
Königsbrücker Straße
Jordanstraße
Görlitzer Straße
Bischofsweg
Sebnitzer Straße
8
28
47
1
Äußere Neustadt
4
Kamenzer Straße
Prießnitzstraße
Alaunstraße
66
Louisenstraße
67
78
Böhmische Straße
77
59
Pulsnitzer Straße
65
103
5
53
13
Bautzner Straße
Albert-
platz
Holzhofgasse
Lessingstraße
75
74
01
Albertstraße
82
Innere Neustadt
16

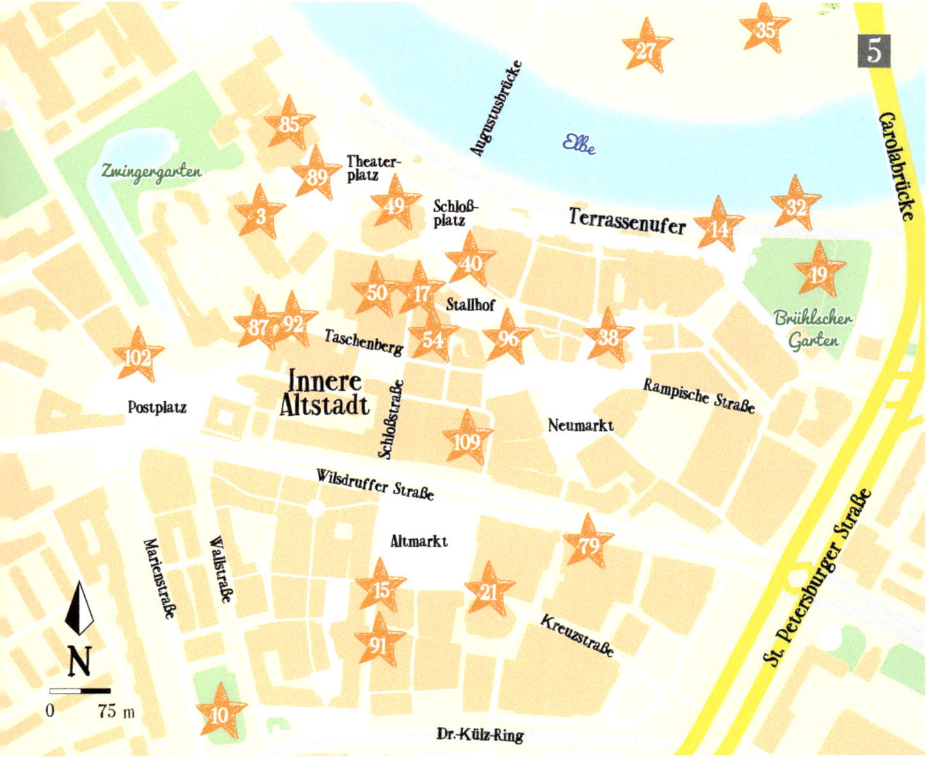
27
35
5
Augustusbrücke
Elbe
Carolabrücke
85
Theater-
platz
89
Zwingergarten
3
49
Schloß-
platz
Terrassenufer
14
32
40
19
50
17
Stallhof
Brühlscher
Garten
87
92
Taschenberg
54
96
38
102
Innere
Altstadt
Rampische Straße
Postplatz
Schloßstraße
Neumarkt
109
Wilsdruffer Straße
Altmarkt
79
St. Petersburger Straße
Marienstraße
Wallstraße
15
21
Kreuzstraße
91
N
0
75 m
10
Dr.-Külz-Ring

Christina Bacher,
Norbert Breidenstein
111 Orte für Kinder in Köln, die man gesehen haben muss
ISBN 978-3-7408-0332-2

Julia Tzschätzsch
111 Orte für Kinder in Frankfurt, die man gesehen haben muss
ISBN 978-3-7408-0686-6

Daniela Clément
111 Orte für Kinder in Hamburg, die man gesehen haben muss
ISBN 978-3-7408-0334-6

Isa Grütering,
Natascha Korol,
Theresia Koch
111 Orte für Kinder in Berlin, die man gesehen haben muss
ISBN 978-3-7408-0251-6

Cornelia Kuhnert,
Günter Krüger
111 Orte für Kinder in und um Hannover, die man gesehen haben muss
ISBN 978-3-7408-0333-9

Florian Kinast
111 Orte für Kinder in München, die man gesehen haben muss
ISBN 978-3-7408-0431-2

Bernadette Németh
111 Orte für Kinder in Wien, die man gesehen haben muss
ISBN 978-3-7408-0558-6

Franziska Lô
111 Orte für Kinder in und um Stuttgart, die man gesehen haben muss
ISBN 978-3-7408-0655-2

Katja Josteit
111 Orte für Kinder in Kiel, die man gesehen haben muss
ISBN 978-3-7408-0641-5

Charlotte Mohs
111 Orte für Kinder in Mainz, die man gesehen haben muss
ISBN 978-3-7408-0665-1

Priska Lachmann
111 Orte für Kinder in Leipzig, die man gesehen haben muss
ISBN 978-3-7408-0654-5

Gabriele Kalmbach
111 Orte in Dresden, die man gesehen haben muss
ISBN 978-3-89705-909-2

Oliver Schröter
111 Orte in Leipzig, die man gesehen haben muss
ISBN 978-3-89705-910-8

Oliver Schröter
111 Orte in Sachsen, die man gesehen haben muss
ISBN 978-3-95451-021-4

Matthias Pick
111 Orte in Jena, die man gesehen haben muss
ISBN 978-3-7408-0427-5

Ulf Annel, Juliane Annel
111 Orte an der Unstrut, die man gesehen haben muss
ISBN 978-3-7408-0347-6

Tim Frühling, Christine Frühling
111 Orte in Osthessen und in der Rhön, die man gesehen haben muss
ISBN 978-3-7408-0127-4

Kirsten Elsner-Schichor
111 Orte im Harz, die man gesehen haben muss
ISBN 978-3-7408-0737-5

Oliver Ultsch, Pia Ultsch
111 Orte in und um Coburg, die man gesehen haben muss
ISBN 978-3-95451-923-1

Ulf Annel, Juliane Annel
111 Orte in und um Erfurt, die man gesehen haben muss, Band 2
ISBN 978-3-95451-913-2

Michael Moll, Monika Barwinska
111 Orte im Thüringer Wald, die man gesehen haben muss
ISBN 978-3-95451-515-8

Ulf Annel, Juliane Annel
111 Orte in und um Weimar, die man gesehen haben muss
ISBN 978-3-95451-201-0

Ulf Annel, Juliane Annel
111 Orte in Erfurt, die man gesehen haben muss
ISBN 978-3-7408-0740-5

René Förder
111 Orte in Sachsen-Anhalt die man gesehen haben muss
ISBN 978-3-89705-911-5

Lucia Jay von Seldeneck, Verena Eidel, Carolin Huder
111 Orte in Berlin, die man gesehen haben muss, Band 2
ISBN 978-3-95451-207-2

Lucia Jay von Seldeneck, Verena Eidel, Carolin Huder
111 Orte in Berlin, die Geschichte erzählen
ISBN 978-3-95451-039-9

Lucia Jay von Seldeneck, Verena Eidel, Carolin Huder
111 Orte in Berlin, die man gesehen haben muss
ISBN 978-3-89705-853-8

Jana Jürß
111 Orte an der Mecklenburgischen Seenplatte, die man gesehen haben muss
ISBN 978-3-95451-536-3

Rike Wolf, Tom Wolf
111 Orte in Brandenburg, die man gesehen haben muss
ISBN 978-3-95451-235-5

Jenny Menzel lebt seit 41 Jahren in Dresden und glaubte, ihre Heimatstadt gut zu kennen. Bei der Recherche für dieses Buch lernte sie jedoch noch viel Neues – ihre drei Kinder haben sich gefreut! Sie arbeitete als Soziologin an der Humboldt-Universität zu Berlin und an der TU Dresden. Seit 2005 schreibt sie als freie Autorin und Redakteurin für Eltern- und Reisemagazine und veröffentlichte bereits sechs Reiseratgeber. Auf ihrem Reiseblog www.weltwunderer.de nimmt sie Familien mit nach Japan und Neuseeland – kommt aber immer wieder zurück nach Dresden. Denn hier ist es mindestens genauso spannend.